ÉTUDES

DE

LÉGISLATIONS COMPARÉES.

Douai.— Imprimerie DECHRISTÉ, rue Jean-de-Bologne.

LE DROIT PAYEN

ET

LE DROIT CHRÉTIEN

Par Charles CARPENTIER.

Scriptum est : *Perdam sapientiam sapientium, et prudentiam prudentium reprobabo.*

S. Paul, 1; Cor. 19.

II.

PARIS,

A. Durand et Pedone Lauriel, libraires, 9, rue Cujas.

Ernest Thorin, libraire, 58, boulevard St.-Michel.

1866.

DEUXIÈME ÉTUDE.

DU DROIT DE VIE ET DE MORT DANS LA FAMILLE, SOUS LE PAGANISME,

et

DE L'ABOLITION DE CE DROIT PAR LA LÉGISLATION CHRÉTIENNE.

SECTION PREMIÈRE.

—

DROIT PAYEN.

CHAPITRE Ier

Exposé préliminaire.

Les personnes étrangères à l'étude des législations du paganisme antérieures à Jésus-Christ, et qui ont parcouru notre première étude, n'ont peut-être pas lu, sans étonnement, les détails que nous avons donnés sur les ventes des êtres humains qui se pratiquaient, alors, sur toute la surface du globe.

Mais, nous pouvons assurer que leur étonnement va redoubler encore, lorsqu'elles apprendront, en lisant ces pages, que *le droit de vie et de mort, dans la famille*, avait été consacré par les lois, autorisé par les mœurs, et approuvé par presque tous les philosophes, jusqu'au moment où Jésus-Christ parut.

Pour bien faire comprendre ce qui se passait, à cet égard, au sein de cette civilisation, si puissante et si merveilleuse dans ses développements matériels, mais si incomplète et si fausse, sur beaucoup de points importants, dans le domaine du droit positif et dê la morale proprement dite, il est nécessaire de pénétrer, plus avant que nous ne l'avons encore fait, dans l'intimité de la vie privée des anciens, afin de les surprendre, en quelque sorte, en flagrant délit, sur les faits que nous avons maintenant à faire connaître.

Nous essaierons de le faire en prenant, pour guides, les écrivains mêmes qui ont vécu au milieu d'eux, et qui nous ont fait des révélations, — véritablement incroyables, aujourd'hui pour nous, — mais dont ils étaient loin, alors, de soupçonner toute la gravité.

Essayons, d'abord, de donner une idée générale du tableau, dont les différentes scènes vont se dérouler sous nos yeux.

En entrant dans les habitations des familles payennes, en général, la première chose qui frappait les regards, c'était une foule, plus ou moins nombreuse, d'esclaves de tout âge et de tout sexe, d'enfants légitimes ou naturels, souvent même d'épouses ou de concubines, et au milieu de cette foule, la présence d'un chef redoutable, ne connaissant, ordinairement, d'autre loi que la force, d'autre règle de conduite que sa volonté, d'autre obstacle à ses desseins que son impuissance, et gouvernant despotiquement dans sa maison, comme un monarque dans ses États.

C'est à ce chef que les lois payennes avaient confié l'exercice du droit le plus terrible qui puisse être donné à un homme sur son semblable : Le droit de vie et de mort.

Comme maître, le chef de famille avait le droit de tuer ses esclaves ; comme père, il avait le droit de tuer ses enfants ; comme mari, il avait, — presque toujours, — le droit de tuer sa femme ou ses femmes ; enfin, comme citoyen, il avait aussi, en règle générale, le droit de se tuer lui-même, ou de se suicider.

Si ce droit de vie et de mort du chef sur tous les membres de sa famille avait encore été accordé, par les lois, pour la répression de certains crimes *déterminés,* ou contenu, dans son exercice, par l'obligation de se conformer à *certaines règles de procédure*, on aurait peut-être compris, à la rigueur, qu'il pouvait s'expliquer, dans ces temps barbares, par la nécessité du maintien de l'ordre et de la discipline domestique.

Mais il n'en était point ainsi.

Le chef de la famille avait, généralement, sur tous ces êtres dont il s'appropriait les labeurs, le droit du propriétaire qui peut détruire *sa chose,* suivant les caprices ou les fantaisies du moment.

Sans doute, comme chacun d'eux pouvait être un objet de commerce, et représentait une valeur appréciable en argent, il ne devait se décider, le plus souvent; à user de son droit rigoureux qu'après avoir pris conseil de ses intérêts.

Mais, combien ces intérêts eux-mêmes ne devaient-ils pas fléchir, aisément, sous l'influence de la colère, de la vengeance, de la jalousie, et de tous les égarements de la passion ?....

On comprend que, dans de pareilles conditions, le droit de vie et de mort dans la famille, devait être, *à peu près,* sans contrepoids et sans limites, chez tous les peuples de l'antiquité payenne.

C'est ainsi, en effet, qu'il existait.

Ce qu'il y avait de plus affreux, c'est que le chef de famille n'avait pas seulement le droit de tuer tous ceux qui étaient soumis à sa puissance, mais qu'il avait encore celui de choisir, de multiplier, de prolonger et d'épuiser, à son gré, tous les genres de supplices, sans que l'autorité publique intervînt pour entraver l'exécution de ses arrêts.

Il pouvait faire mourir par le fer, par le feu, par le poison, par le fouet ou par les verges, par la submersion ou par la strangulation, et, en un mot, par tous les moyens que la cruauté la plus raffinée pouvait inventer.

L'impunité lui était assurée, et il était irresponsable de sa conduite dans le cercle de sa vie domestique !

Ce qui se passait dans les habitations des citoyens riches, se passait de même dans les habitations des citoyens pauvres : — les chefs de famille les plus humbles avaient le droit de vie et de mort comme les plus grands, — et, sous ce rapport, au moins, — le droit payen était égal pour tous.

Mais tout cela est-il bien exact ? Est-il bien vrai ? C'est ce qu'il s'agit de vérifier.

Laissons les mots, et venons aux faits.

CHAPITRE II.

Du droit de vie et de mort des maîtres sur les esclaves.

Si nous examinons une carte du monde antique avant Jésus-Christ, nous ne trouvons pas une seule contrée de la terre, un peu connue dans l'histoire, où le droit de vie et de mort des maîtres sur les esclaves ne soit établi.

Nous avons, sur ce premier point, des témoignages décisifs.

Commençons par les Perses.

Hérodote rapporte que, chez les Perses, il

n'était pas permis aux maîtres d'appliquer à leurs esclaves un châtiment sans remède pour une faute *unique,* mais que si, après examen, ils trouvaient que les fautes étaient plus nombreuses et plus graves que les services, ils pouvaient, alors, agir suivant leur volonté (1).

Qu'est-ce à dire ?

Il est évident que, puisque les maîtres étaient, en définitive, constitués par la loi les seuls et suprêmes arbitres de la conduite de leurs esclaves, la restriction dont parle Hérodote ne signifiait rien.

En effet, Ammien-Marcelin atteste formellement que les Perses *avaient droit de vie et de mort sur leurs esclaves, et même sur les plébéiens obscurs* (2).

Arrivons aux Chinois.

On trouve, encore aujourd'hui, dans le Code de la Chine, un texte de loi qui permet de se faire une idée de la manière dont les maîtres pouvaient traiter leurs esclaves, à l'époque où Jésus-Christ vivait en Judée.

« — Si un maître, ou ses parents, — dit le dernier Code chinois, — châtie d'une manière

---

(1) Hérodote, liv. 5, § 137.

(2) Callidi, superbi, crudeles, vitæ necisque potestatem in servos et plebeios vindicantes obscuros. — (Ammien-Marcelin, liv. 23, ch. 6).

légale son esclave ou son serviteur gagé, pour le corriger d'une désobéissance « *en le battant sur les cuisses ou sur le derrière* » et que cet esclave, par suite de ces coups, vienne à mourir, ni son maître, ni même les parents de son maître, *n'en subiront aucune peine* (1). »

N'est-ce pas l'impunité accordée aux maîtres? N'est-ce pas arriver, par un biais, à leur reconnaître encore le droit de vie et de mort le plus absolu?

Si, maintenant, de l'Asie, nous passons dans l'Europe, nous trouvons toujours le même droit, en pleine vigueur, chez les Germains, chez les Gaulois et chez tous les peuples les plus civilisés de la Grèce et de l'Italie.

« Il est rare, dit Tacite, que les Germains frappent leurs esclaves, mais ils ont coutume de *les tuer,* non par système ou par sévérité, mais par impétuosité et par colère, comme ils tueraient un ennemi, à cette différence près qu'ils le font *impunément* (2). »

Jules-César n'atteste pas seulement, dans ses commentaires, que nos ancêtres avaient le droit

---

(1) *Ta-tsing-leu-lée :* — ce Code a été remanié dans le dernier siècle.

(2) Occidere solent, non disciplinâ et severitate; sed impetu et irâ, ut inimicum, nisi quod *impunè.* — Tacite, *De Mor. Germ.*, § 25. Voyez, dans le même sens : Tacite, *Annales,* liv 5, § 61, et liv. 14, § 30.

de vie et de mort sur leurs esclaves, mais il ajoute même qu'aux funérailles des grands, leurs esclaves, et jusqu'aux *affranchis,* qu'ils avaient aimés, étaient jetés dans le feu, avec leurs corps, pour honorer leur mémoire (1).

Aussi loin que les souvenirs peuvent remonter dans l'histoire de la Grèce, on rencontre aussi ce droit de vie et de mort sur les esclaves.

Le bon Homère raconte, dans l'*Odyssée*, que quand Ulysse, de retour à Ithaque, après la destruction de Troyes, se fut débarrassé des prétendants de Pénélope, un de ses premiers soins fut de faire pendre douze de ses femmes esclaves, qui s'étaient livrées aux amants de sa femme (2).

En les voyant suspendues à un câble de navire fixé, d'un côté, au sommet d'une colonne, et, de l'autre, à un donjon, il décrit, avec une sorte de complaisance, l'agitation de leurs pieds, et ne trouve pas un mot pour flétrir le cruel Ulysse.

Mais, c'est surtout à Sparte que ce droit de vie et de mort était exercé avec une épouvantable barbarie : — On dit que les Spartiates habillaient leurs esclaves avec des peaux de

---

(1) Jules-César, *Comment.*, liv. 6 *De Bell. Gallic.*
(2) Homère, *Odyssée,* ch. 22.

bêtes, mais il est au moins certain qu'ils les traitaient tout à fait comme des animaux.

Un des jeux patriotiques les plus à la mode, dans ce pays, et qui avait été établi par Lycurgue, s'appelait la *crypte* ou la *cryptie*.

Voici en quoi il consistait :

On se mettait en embuscade, le jour ou la nuit, au bord des chemins, à la lisière des bois, à l'angle des maisons ; — on se blotissait dans les blés, dans les fossés ou dans les touffes d'arbres des champs ; — et, quand un esclave venait à passer, on se précipitait sur lui, comme un tigre sur sa proie, et on l'égorgeait !

C'est l'État qui intervenait lui-même pour régler ces divertissements : il fixait, chaque année, par un décret, le nombre des esclaves qu'on pouvait ainsi détruire.

Le but de ces atrocités était d'apprendre aux citoyens à mieux tuer leurs ennemis, et d'empêcher leurs esclaves de trop se multiplier.

Si un esclave paraissait vouloir s'élever au-dessus de sa condition, la loi imposait au maître l'obligation de le tuer, avant qu'il fût parvenu à l'âge viril ; s'il n'était pas tué, la loi condamnait l'esclave à la mort, et le maître à l'amende.

Il y avait un tyran de Lacédémone, — c'était Nabis, — qui avait imaginé un singulier moyen pour inspirer de la terreur à ses sujets : Il faisait promener des ilotes dans les rues, et les faisait expirer sous les verges (1).

Nabis, dira-t-on, peut-être, était un tyran qui a été justement flétri par l'histoire. — C'est vrai! Mais, en faisant tuer ainsi les ilotes, il ne faisait qu'exécuter à sa manière les lois de Lycurgue.

Et combien de temps a duré ce mode de gouvernement?

Sept cents ans!...

« Seule dans l'univers, a dit Cicéron, Sparte » est demeurée pendant plus de sept cents » ans fidèle à ses anciennes lois. »

Les Spartiates restèrent longtemps dans la dépendance des Achéens, qui avaient su étendre leur domination sur tout le Péloponèse, mais les Romains leur rendirent ensuite les lois de Lycurgue, et ces lois *étaient encore en pleine vigueur sous les règnes de Néron et de Domitien* (2).

---

(1) Plutarque, *Vie de Lycurgue,* §§ 58 et 59. — Platon, *Lois,* liv. 1. — Athénée, liv. 14, ch. 21. — Tite-Live, liv. 34, § 27.

« (Lacedemonii) qui, soli, toto orbe terrarum, septingen- » tos jàm annos amplius, suis moribus et *numquàm mutatis* » *legibus,* vivunt. » (Cic. pro Flacc., § 26).

Disciplinam suam leges que conservant. (Cic. pro Murenà . § 35).

(2) Tite-Live, liv. 38, § 34 et les notes de Drakemborg.— Polybe, liv. 11, § 37.

Mais voici un autre trait qui peut faire juger du degré d'arbitraire et de cruauté avec lequel on exerçait le droit de vie et de mort sur les esclaves, dans certaines parties de la Grèce.

On sait que Parrhasius excellait à peindre les passions terribles et les mouvements les plus impétueux de l'âme.

Un jour, Parrhasius méditait de peindre Prométhée, enchaîné sur un rocher du Caucase, avec un vautour au flanc, dépéçant ses entrailles, — lorsqu'il aperçut un superbe esclave qui avait été fait prisonnier par Philippe, au siége d'Olynthe.

Le peintre s'empressa d'acheter l'esclave, pour lui servir de modèle.

Il le fit déshabiller et enchaîner, nu, sur un rocher, par les mains et par les pieds.

Puis, après lui avoir ouvert la poitrine, pour ensanglanter ses chairs frissonnantes, il se mit à le peindre, tranquillement, au milieu des tortures et des convulsions de son agonie, afin de mieux saisir l'expression de la douleur (1).

L'Attique était une des contrées de la Grèce où les esclaves étaient traités avec le plus d'humanité, mais, en principe, le droit de vie

---

(1) Sénèque, *Controv.* X.

et de mort des maîtres sur les esclaves, y avait
été reconnu, comme dans toutes les autres parties du monde (1).

Laissons, maintenant, la Grèce, et venons à
Rome.

A Rome, le droit de vie et de mort des maîtres sur les esclaves n'avait rien à envier à la
Grèce, pour la cruauté, et il y avait beaucoup
de maîtres qui, sous ce rapport, pouvaient être
les émules de Pharrhasius.

Les Romains ne tuaient pas seulement leurs
esclaves par colère, comme les Germains, ou
pour les punir de leurs fautes, comme les
Perses, ils les tuaient, souvent, pour le plaisir
de les tuer.

Quand ils ne les tuaient pas à domicile, il les
faisaient crucifier dans un champ qui se trouvait au-delà des portes de Rome, et qui était
couvert de croix.

Plutarque raconte que, du temps de Coriolan,
un citoyen avait livré un de ses esclaves à ses
compagnons, avec ordre de le faire mourir.

Comme on le battait de verges, en traversant
la place publique, et que le malheureux bon-
dissait de douleur, en poussant des hurlements
horribles, le cœur des assistants s'émut de pitié.

---

(1) Démosthènes contre Midias.— Gaïus, *Comm.* I, § 52.

Mais, dit l'historien, personne. ne fit cesser ce cruel traitement, et on se borna à dire quelques injures au maître de l'esclave, parce que « *les Romains traitaient, alors, leurs esclaves, avec beaucoup de douceur* (1). »

Le même écrivain raconte que Flaminius fit mettre à mort un de ses esclaves, sans autre motif que de procurer un spectacle nouveau à un de ses complaisants, qui n'avait pas vu tuer un homme (2).

Quand le grave et austère Caton condamnait un de ses esclaves à mort, il avait l'habitude de prendre l'avis de tous les autres, avant de le faire mourir devant eux.

Mais Caton était un grand homme, et les autres maîtres ne mettaient pas tant de formalités.

Il y avait, par exemple, du temps d'Auguste, un certain Vedius Pollion qui s'amusait à faire manger ses esclaves par les poissons de ses viviers :

Un jour qu'il avait reçu l'empereur à sa table, il arriva qu'un esclave, en les servant, laissa tomber un vase de cristal.

Vedius avait déjà donné l'ordre de jeter l'esclave à ses poissons, lorsque le malheureux

---

(1) Plutarque, *Vie de Coriolan*.
(2) Plutarque, *Vie de Flaminius*.

eut l'idée de venir se jeter aux pieds de César, et d'implorer sa pitié.

César lui fit grâce, et ordonna qu'on fit jeter, à sa place, tous les cristaux dans le vivier ; mais Pollion en fut quitte pour ses cristaux (1).

A cette époque, le luxe des grands consistait à faire dévorer leurs esclaves par les bêtes dans les cirques de Rome, ou à leur faire apprendre le métier de gladiateurs, pour se faire tuer les uns les autres, devant le peuple, dans les fêtes publiques.

Quand ces esclaves devenaient vieux, infirmes, usés et hors de service, on les laissait mourir de faim.

On leur appliquait, ainsi, le mot de Térence, qui disait, en parlant des mendiants, que c'était leur rendre un mauvais service que de leur donner de quoi boire et manger, parce que c'était perdre ce qu'on leur donnait, et prolonger leur vie pour la misère (2).

Les maîtres qui étaient humains, et qui ne voulaient pas les tuer ou les voir mourir sous

---

(1) Sénèque, *De Irâ,* liv. 3, ch. 10. — *De Clementiâ,* I, 18. — Dion, 2, 54. — Tertullien, *Du Manteau,* § 5.

(2) De mendico malè meretur qui ei dat quod edit, ant quod bibat.

Nam et illud quod dat perdit, et illi producit vitam ad miseriam.

(Térence, *Trinummus,* II, II, v. 296.)

leurs yeux, les abandonnaient à la charité publique.

Suétone raconte qu'on les exposait, ordinairement, dans l'île d'Esculape, pour s'épargner l'ennui de les nourrir (1).

Il y avait là, journellement, des masses de moribonds qui attendaient la mort.

Sous l'empereur Claude, l'encombrement devint si grand, et sans doute, si dangereux pour la santé publique, qu'il fallut prendre des mesures pour l'empêcher.

L'empereur décida que les esclaves ainsi abandonnés seraient déclarés libres, et que si quelqu'un aimait mieux *les tuer* dans cet état, que de les *exposer*, il serait poursuivi sous l'accusation de meurtre (2).

Il fallait que le mal fût bien grand pour que l'empereur Claude parlàt ainsi, et l'on peut juger de sa profondeur par ce détail vraiment effrayant.

Nous n'avons pas encore cité les lois des Indiens, des Égyptiens, des Carthaginois, et de tant d'autres peuples que nous pourrions à peine nommer; mais à quoi bon toutes ces énumérations ?

---

(1) Suétone, *Vie de Claude*, § 25.

(2) Suétone, *Vie de Claude*, § 25. — *Digeste*, liv. 40, tit. 8, liv. 2.

Nous avons une preuve que ce droit de vie et de mort était admis chez tous les peuples *sans exception :* Il suffira de la donner.

Voici ce que le jurisconsulte Gaïus, qui vivait du temps de l'empereur Marc-Aurèle, c'est-à-dire vers le milieu du deuxième siècle de l'ère chrétienne, écrivait dans ses commentaires :

« Sont en puissance des maîtres les esclaves : cette puissance est *du droit des gens.* Car, nous pouvons remarquer que , chez toutes les nations *également* , les maîtres ont sur leurs esclaves le droit de vie et de mort (1). »

Ainsi, il est bien prouvé que, même à l'époque du deuxième siècle de l'ère chrétienne, ce droit existait encore chez toutes les nations *également.* (Perœque.)

Nous avons dit que les maîtres pouvaient, à leur gré, varier les supplices qu'ils faisaient subir à leurs esclaves, lorsqu'ils voulaient les faire mourir.

Cette assertion n'a pas besoin de preuves.

Du moment où les lois abandonnaient le droit de vie et de mort au pouvoir des maîtres dans l'intérieur de leurs habitations, et loin

---

(1) Quœ quidem potestas est juris gentium : nàm apud omnes perœque gentes animadvertere possumus dominis in servos vitœ necisque potestatem esse. (Gaïus, C. 1, § 52. — Tite-Live, liv. 5, § 52).

2.

des regards de l'autorité publique, il est aisé de comprendre que ces maîtres pouvaient non seulement choisir le genre de mort, mais varier, suspendre ou prolonger les moyens employés pour la donner.

Ne se souvient-on plus de Vedius-Pollion et de Parrhasius? Est-il besoin d'autres exemples?

Hérophile, le célèbre médecin grec, qui passe pour le fondateur de l'anatomie, disséquait des esclaves vivants (1).

Sassia faisait arracher la langue à Straton, son esclave et son médecin, avant de le faire clouer, sur un bois, par les pieds et par les mains (2).

Juvénal nous montre une Romaine qui veut faire *crucifier* son esclave, pour un caprice, et qui demande ironiquement à son mari si un esclave *est un homme* (3)?

Apulée nous raconte une histoire encore plus terrible.

Cette histoire dépasse si fort, en raffinement de barbarie, tout ce qui vient d'être dit, qu'elle mérite d'être citée tout entière :

---

(1) Tertullien, *De l'Ame.*
(2) Cicer., **Pro Cluent.**, § 66.
(3) Pone crucem servo — meruit quo crimine, servus? — O demens! ità servus homo est? Nil fecerit? Esto! Sic volo, etc....

(Juv. Sat. VI. V. 219 et suiv.).

Une jeune esclave qui avait eu un enfant
d'un autre esclave qu'elle aimait, et qui appartenait au même maître, apprit que son amant
la trompait avec une autre femme.

Dans un accès de jalousie, elle incendia la
maison de son maître, et se précipita dans un
puits avec son enfant.

Il n'y avait plus moyen de punir la femme
puisqu'elle était morte ; et il n'était pas juste
de punir l'amant, puisqu'il n'était pas coupable
de ce crime.

Mais le maître trouva moyen de se venger.

Il fit saisir l'amant qui avait survécu, le fit
enduire de miel des pieds à la tête, et lier, nu,
au tronc d'un vieux figuier, dans les crevasses
duquel s'était logée une énorme fourmillière.

Bientôt des myriades de fourmis s'acharnè-
rent sur cette proie vivante, et la déchirèrent
par d'incessantes et imperceptibles morsures.

L'esclave fut rongé petit à petit, et il ne
resta bientôt plus, au tronc de l'arbre, que les
ossements d'un squelette blanchi (1).

Peut-on imaginer quelque chose de plus
affreux?

Ces détails font assez connaître le pouvoir
arbitraire, absolu et complètement discrétion-

---

(1) Apulée, *l'Ane d'or,* ou *la Métamorphose,* liv. 8.

naire, qui appartenait aux maîtres sur les esclaves.

D'ailleurs, comme nous aurons l'occasion, dans notre prochaine étude, de parler des moyens de gouvernement d'un chef de famille, dans l'intérieur de sa maison, sur toutes les personnes qui étaient soumises à sa puissance, nous pouvons nous dispenser de prolonger ces développements, et nous allons, maintenant, nous occuper du droit de vie et de mort des pères et mères sur leurs enfants.

CHAPITRE III.

**Du droit de vie et de mort des pères et mères
sur leurs enfants, en général.**

Si l'on a peine à comprendre comment les
lois de toute l'antiquité payenne pouvaient accorder le droit de vie et de mort le plus arbitraire, le plus absolu et le plus effrayant, sur
des malheureux réduits à l'état de servitude,
on peut dire, au moins, que les esclaves étaient,
à leurs yeux, dégradés du titre et de la dignité
d'hommes, et réduits au rang des animaux (1).

---

(1) Ut igitur apparet, lex servis nostris œnœquat quadru-
pedes, quœ pecudum numero sunt, et gregatim, habentur :
veluti oves, equi asini, etc.

(*Dig.*, liv. 9, tit. 2 ad leg. Aquil.)
Instit., liv. 4, tit. 3.

Mais comment s'expliquer qu'il ait pu y avoir des législateurs assez barbares pour proclamer, en principe, le droit de vie et de mort des pères et mères sur leurs propres enfants, et pour inscrire ce droit dans leurs constitutions ou dans leurs codes ?

La raison refuse de l'admettre , au premier abord.

Pour accuser une civilisation toute entière d'une énormité qui paraît, aujourd'hui, à tout le monde, impossible ou invraisemblable, il ne suffirait pas, nous le reconnaissons, de quelques exemples isolés recueillis par l'histoire, à travers le cours des siècles , au milieu de quelques peuples encore sauvages , et qui ne pourraient être cités que comme des anomalies dont l'antiquité elle-même aurait pu rougir.

Il faut quelque chose de plus.

Il faut des textes formels, ou un concours d'autorités qui ne permettent pas le doute non seulement sur l'existence, mais encore sur l'universalité d'un pareil droit.

Eh bien! ce doute n'est malheureusement pas possible, et nous trouvons, dans les écrivains de tous les anciens peuples, une telle concordance de témoignages sur ce point, qu'il faudra bien que nous portions encore au compte du paganisme, avant Jésus-Christ, le droit de vie et de mort des pères et mères sur leurs enfants, comme le droit de vie et de mort des maîtres sur leurs esclaves.

Expliquons-nous, d'abord, bien clairement.

On peut tuer un enfant dans le sein de sa mère avant le moment de sa naissance : c'est ce qu'on appelle l'*avortement*.

Sans tuer directement un enfant après sa naissance, on peut l'exposer à la mort en l'abandonnant dans un lieu solitaire, ou en le laissant à la merci des animaux et des passants : c'est ce qu'on appelle l'*exposition*.

On peut le tuer immédiatement ou, au moins, peu de temps après sa naissance, soit en l'étouffant, soit en le submergeant dans un liquide quelconque, soit en le jetant au milieu des flammes, soit même en omettant volontairement de lui donner les soins nécessaires pour sa conservation : c'est ce qu'on appelle l'*infanticide*.

Quand on tue un enfant qui a dépassé l'âge des nouveaux nés, et est arrivé à une époque plus avancée dans la vie, on commet un crime qui n'a pas reçu de nom spécial, et que l'on désigne sous la dénomination générale d'*homicide*.

Nous disons que les pères et mères avaient le droit de tuer leurs enfants, sans distinguer entre ces divers genres d'homicides, et nous soutenons, notamment, qu'ils avaient le droit d'avortement, le droit d'exposition, le droit d'infanticide, et même le droit d'homicide sur leurs enfants adultes.

Mais, pour éviter les équivoques et les subtilités, il importe de bien nous entendre sur le sens de ce mot : *droit*.

Nous entendons par *droit*, le pouvoir reconnu par une loi formelle, ou par une coutume générale équivalente à une loi, de faire une chose, sans encourir aucune condamnation pénale, ou même aucune poursuite judiciaire.

Ainsi, nous soutenons qu'avant Jésus-Christ, — du temps de Jésus-Christ, et même après Jésus-Christ, — en un mot, sous l'empire des lois païennes jusqu'à l'époque de l'avénement du christianisme, inclusivement, — les pères et mères pouvaient tuer *impunément* leurs propres enfants, jusqu'à un certain âge, et que, par conséquent, suivant notre définition, conforme d'ailleurs au sens vulgaire, — ils avaient *le droit* de les tuer.

Voyons si les textes des lois et les documents de l'histoire établissent cette assertion.

CHAPITRE IV.

**Du droit de vie et de mort des pères et mères
sur les enfants adultes.**

C'était, dans l'antiquité payenne, un usage
général, — et qui était, quelquefois même,
consacré par des lois formelles, — d'immoler
aux dieux des victimes humaines.

Phéniciens, Égyptiens, Carthaginois, Afri-
cains, en général, Tauriens, Cimbres, Teutons,
Thraces, Scythes, Gaulois, Germains, Grecs,
Romains, — tous les peuples un peu connus,
— croyaient s'assurer la protection ou conjurer

le courroux des dieux, en répandant le sang des hommes sur leurs autels.

Ce fait est attesté, d'une manière si certaine, par tous les écrivains, que nous ne nous arrêterons pas à le prouver (1).

Il suffirait au besoin de renvoyer les lecteurs aux ouvrages de Porphyre sur *la philosophie par les oracles,* et sur *l'abstinence de la chair des animaux* (2).

Mais ce qu'il est nécessaire de bien remarquer c'est que, — chez presque tous les peuples, — un des actes de piété les plus recommandables et les plus méritoires consistait à immoler aux dieux *ses propres enfants.*

Citons des faits.

Carthage a été, pendant six cents ans, la première ville commerçante et maritime du monde : on peut la considérer comme la véritable capitale de l'Afrique, et son exemple devait être suivi par le reste de cette contrée.

Que se passait-il à Carthage? Les pères et mères avaient le droit d'y sacrifier leurs enfants aux dieux.

______

(1) Diodor. de Sic., liv. 13, 15 et 20. — Strabon, liv. 3 et liv. 7. — Herodote, liv. 7. § 116. — Euripide, *(Iphigénie),* act. 1, sc. 1. — Lucain, *(Pharsale),* liv. 1, v. 450 et suiv. — Tacite, **De Morib. Germ.,** §§ 9 et 41. — *Annales,* liv. 1, § 61. — Procope, **Guerre des Goths,** n° 25.

(2) Eusèbe, **Prépar. Évang.,** liv. 4, ch. 15 et suiv.

Il y avait, dans la ville, une énorme statue d'airain qui inclinait jusqu'à terre ses grandes mains creuses, pour y recevoir les enfants destinés à être, ainsi, dévorés par les flammes.

C'était la statue de Saturne, qu'on désignait, dans d'autres pays, sous le nom de Molock ou de Baal (1).

Le sénat donnait, parfois, l'exemple de ces horribles sacrifices, en faisant immoler des enfants par centaines, et les mères devaient y assister, sans pousser un gémissement, et repandre une larme.

Plutarque va même jusqu'à dire que ceux qui n'avaient point d'enfants, en achetaient aux pauvres, pour les immoler dans les temples, comme on achetait des agneaux ou des chevreaux (2).

Dans toute la Phénicie, et généralement chez tous les peuples qui adoraient Saturne, Molock ou Baal, l'immolation des enfants par leurs parents, en l'honneur des dieux, était pratiquée.

Phylon, de Byblos, grammairien célèbre qui

___

(1) Mos fuit in *populis*, quos condidit advena dido, Poscere cœde deos veniam, ac flagrantibus aris, Nefandum dictu ! parvos imponere natos.
   (Silius italicus, *les Puniques,* liv. 4).
Diodore de Sicile, liv. 20, ch. 14, § 5. — Cornelius à Lap., *Lévit.*, ch. 18.
(2) Plutarque, *De la Superstition*.

florissait du temps d'Adrien, et qui avait traduit en grec l'histoire Phénicienne de *Sanchoniathon,* a écrit cette phrase :

« C'était l'usage, chez les anciens, dans les circonstances de graves dangers, qu'à la place d'une destruction universelle, les dominateurs de la ville ou de la nation livrassent *le plus chéri de leurs enfants* pour être immolé, comme un rachat auprès des dieux vengeurs (1). »

La même chose se passait en Syrie.

Nous avons, pour la Syrie, un témoin oculaire, qui était né dans le pays même, et qui vivait encore sous le règne de l'empereur *Trajan* : ce témoin, c'est Lucien de Samosate.

Lucien raconte qu'à Hiérapolis, où se trouvait un temple célèbre en l'honneur de la déesse Dercétis, on ne se bornait pas à précipiter, du haut des portiques, des animaux qui se tuaient dans leur chûte : il y avait, même, *des pères et mères* qui conduisaient leurs enfants au temple, en les tenant par la main, et qui, après les avoir enfermés dans des sacs, les précipitaient, comme les animaux, du haut des portiques, en l'honneur de la déesse (2).

Cet usage des pères et mères d'immoler

------

(1) Eusèbe, **Prép. Ev.**, liv. 4, ch. 16.
(2) Lucien, **Déesse de Syrie.**

leurs propres enfants aux dieux existait aussi dans la Grèce.

Nous n'avons pas seulement les exemples d'Agamemnon, roi d'Argos et de Mycènes, immolant à Diane sa fille Iphigénie ; d'Aristodème, roi des Athéniens, immolant sa fille à Pluton ; d'Erecthée, roi d'Athènes, immolant sa fille à Jupiter ; nous y trouvons des immolations d'enfants, — en masse —, comme à Carthage.

Sur le côté occidental de l'Agora de la Céramique, à Athènes, on voyait un temple élevé en l'honneur des filles de Léos, qui, pendant une peste ou une famine, avaient été immolées par leurs pères aux dieux.

Cicéron dit que ce temple, qu'il avait, sans doute, vu à Athènes, s'appelait le Léocorion (1).

Cet usage a dû exister chez les Romains, puisque Plutarque nous montre Manius immolant sa fille Calpurnie aux dieux Averronciens (2).

Il existait chez les Gaulois, car Tite-Live l'atteste formellement (3).

Mais, sans entrer dans tous ces détails, nous pouvons citer un témoignage, qui résume tout ce qu'on pourrait dire sur ce point.

---

(1) Cicer. *De naturæ Deor.* 3, 19.
(2) Plutarque, *Parall. d'hist. Greq. et Rom.*
(3) *Immolatos que liberos* (Tit.-Liv., 38, § 47).

C'est celui d'Eusèbe.

Après avoir consacré plusieurs chapitres à l'exposition de ces sortes de sacrifices, il s'exprime ainsi :

« Tel père, dit-il, immolait son fils unique, *telle mère sa fille* adorée ; les proches égorgeaient leurs proches , comme des troupeaux de brutes qui leur étaient étrangers ; les citoyens leurs concitoyens, et leurs commensaux dans les villes et dans les campagnes (1).

A ce premier point de vue, il est donc vrai de dire que, chez les payens, les pères et mères pouvaient tuer *impunément* leurs enfants adultes, et , par conséquent, qu'ils avaient le droit de les tuer.

Mais, nous allons, maintenant, trouver d'autres preuves : nous allons voir des historiens affirmer que les pères et mères avaient ce droit de vie et de mort, *d'une manière absolue* , et des législateurs consacrer expressément ce droit dans leurs lois.

Nous avons dit, d'après Tite-Live, que les Gaulois immolaient leurs enfants aux dieux : Jules-César déclare , en toutes lettres , qu'ils avaient sur *leurs enfants* , *le droit de vie et de mort* (2).

______

(1) Eusèbe , **Prep. Ev.**, liv. 4, ch. 16.

(2) Viri in uxores, sicuti in liberos,*vitæ necis que* habent potestatem. *(Jules-César,* liv. 6, de Bell. gall.)

Aristote atteste que, chez les Perses, le pouvoir des pères sur leurs enfants était un pouvoir tyrannique, et que les enfants étaient pour eux des *esclaves*.

Il est donc certain,—et ce fait n'est contesté par personne,—que les Perses, qui avaient le droit de vie et de mort sur leurs esclaves, avaient, par la même raison, le droit de vie et de mort sur leurs enfants (1).

Les lois de Zoroastre étaient d'ailleurs formelles :

Elles portaient que l'enfant devait à ses parents une soumission absolue : celui, disaient-elles, qui répondait trois fois à son père ou à sa mère, et ne leur obéissait pas, était digne de *mort* (2).

Voulons-nous interroger le code de la Chine? —Nous avons le texte même de la loi qui est, encore aujourd'hui, en vigueur :

« Si les fils et filles, petit-fils et petites-filles, pour avoir désobéi à leurs parents, sont châtiés par eux d'une manière légale et ordinaire, et qu'ils meurent dans la suite, ou enfin, *si l'un d'eux est tué sur-le-champ par ces mêmes proches parents*, la personne qui sera

---

(1) Aristote , *Morale à Nicomaque* , liv. 8 , § 4.
(2) Anquetil-Duperron , *Usages civils et religieux des Perses* , t. 3 , p. 552.

convaincue d'homicide, dans de telles circonstances, ne subira aucune peine (1).

Nous avons déjà dit que les peuples de la
Grèce pouvaient immoler leurs enfants aux
dieux ; n'est-ce pas dire que, du moment où
ils se couvraient d'un prétexte religieux, les
pères et mères pouvaient toujours tuer leurs
enfants ?

Mais toute espèce de doute va disparaître, si
nous voyons ce droit de vie et de mort, sans
réserves, inscrit dans les lois de la Grèce.

Eh bien ! nous le trouvons inscrit dans les
lois d'Athènes.

Les anciens écrivains attestent formellement
que Solon, l'athénien, avait édicté une loi qui
permettait à chacun de tuer ses enfants sans
jugement, et qui accordait même ce droit aux
mères (2).

Athènes était une ville où l'on croyait que
la civilisation, les sciences, les arts, la religion,
l'agriculture, la justice, les lois avaient pris
naissance pour se répandre de là sur toute la
terre (3).

---

(1) Ta-Tsing-leu-lée, sect 31, art. 5.
(2) Hermog. *De Invent,*, liv. 1, ch. 1). — Sopater (*In
Divin. quæst*).— Sextus-Empyricus *(Pyrrh. Hyp.*, liv. 3.
c. 24). — Meursius, *Them. Attic.*, liv. 1, ch. 2.
    Licere etiam matribus liberos indemnatos occidere.
(3) Cic., *Pro Flacc.*, § 26.

On peut donc être certain que ce droit, écrit ou *non écrit*, avait été accepté par les autres Républiques de la Grèce.

Il nous suffira d'ajouter que, dans les Républiques de la Grèce, en général, ce droit de vie et de mort n'était accordé aux pères et mères que pendant un temps assez court.

Denys d'Halicarnasse dit que les législateurs qui avaient formé ces républiques, et notamment, Solon, Pittacus et Charondas n'avaient laissé les enfants que peu de temps sous la puissance des pères : les uns ne l'avaient étendue que jusqu'à la troisième année de la puberté; d'autres jusqu'à leur mariage; d'autres enfin jusqu'à l'âge viril (1).

Quand les pères perdaient leur puissance sur leurs enfants, ils perdaient leur droit de vie et de mort.

Mais c'est, — surtout, — chez les Romains, que ce droit était établi d'une manière terrible.

Romulus avait donné aux pères un plein pouvoir sur leurs enfants, et ce plein pouvoir, les décemvirs l'avaient consacré, par une disposition expresse, dans la loi des XII tables.

La table IV, qui était exposée dans le forum, portait ces mots : « que le père

____

(1) Denys d'Halic., *Antiq. Rom.*

ait le droit de vente et le *droit de vie et de mort* sur ses enfants » (1).

La loi Régia , dont on ne connaît pas précisément la date, mais qui paraît être, cependant, bien postérieure à la loi des XII tables, confirmait ce droit, dans les mêmes termes (2).

Le droit de vie et de mort était considéré, chez les Romains, comme tellement inhérent au pouvoir des pères que, du temps de Cicéron , lorsqu'on faisait une adoption à Rome, l'adopté devait encore , sous peine de nullité , déclarer qu'il consentait que l'adoptant eût sur lui droit de vie et de mort *comme sur un fils* (3).

On voit, dans Sénèque, que, vers cette époque, c'est-à-dire du temps d'Octave, un chevalier Romain, du nom d'Erixon, fut poursuivi à coups de stylet par le peuple, sur la place publique , parce qu'il avait fait périr son fils à coups de fouet.

---

(1) Endo liberis *Jus vitœ necis-que* venumdandi que potestas, ei Esto. (Pothier, *Pand.* liv. 1). — Ortolan, *Hist. de la Législ. rom.*—Denys d'Halic.—*Antiq. Rom.*

(2) Cùm patri lex regia dederit in filium vitœ necisque potestatem. (Papin, *Lib. sing. de Adult.—Coll. leg. mosaic. et rom.*, tit. 8, § 8).

(3) Te esse interrogatum auctor ne esses ut in te P. Fonteïus vitæ necisque potestatem habere, ut in filio.

(Cic., *Pro domo,* § 29).

Mais, il faudrait bien se garder de conclure de là qu'à cette époque ce droit de vie et de mort avait cessé d'exister.

Ce serait une erreur.

C'était la cruauté du supplice, et non l'exercice du droit en lui-même, qui avait indigné le peuple ; et la preuve, c'est qu'Auguste intervint lui-même pour protéger le père (1).

La loi *Julia de Adulteriis* qui fut rendue par ce même Auguste, vers l'an 778 de Rome, accordait encore au père le droit de tuer sa fille, non-seulement dans sa propre maison, *mais encore dans la maison de son gendre*, lorsqu'il la surprenait en adultère (2).

Il suffisait, pour cela, que la fille fût au pouvoir du père.

Du moment où l'enfant était au pouvoir du père, le père avait le droit de le tuer, comme il avait le droit de tuer son esclave : *sous ce rapport*, il n'y avait aucune différence, en droit, entre l'enfant et l'esclave (3).

---

(1) Sénèque, *De Clement.*, liv. 1, § 14.

(2) Jus occidendi patri conceditur domi suæ, licet ibi non habitat, vel in domo generi.— Incontinenti *filiam* occidat.
(Digeste, liv. 48, tit. 5, 1. 20, 22, 23).

(3) Patria potestas romanorum in liberos tanta erat *quanta dominorum in servos*.—Pater de personâ liberorum suorum posset tanquàm *de re suâ* ad arbitrium disponere.

Pothier, *Pand.* (De his qui sui vel alieni jur. sunt).

Ecoutons, au surplus, Denys d'Halycarnasse, qui a été contemporain d'Auguste :

Il commence par dire que le législateur des Romains a donné aux pères *tout pouvoir* sur leurs fils , et cela , *pendant tout le temps de la vie !* (1)

Définissant, ensuite, l'étendue de ce pouvoir, il s'exprime littéralement en ces termes :

« C'est en vertu de ce pouvoir qu'il leur était permis de les mettre en prison, de les faire battre de verges, de les charger de fers, et même de les tuer ; on n'avait point égard s'ils étaient employés déjà dans le maniement des affaires , et revêtus des premières magistratures, ou si par d'importants services, ils s'étaient rendus respectables et chers à la République. On a souvent vu des pères, *autorisés par la loi,* arracher leurs enfants du haut de la tribune, tandis qu'ils haranguaient en faveur du peuple, contre les intérêts du Sénat, pour *les punir à leur discrétion :* on les traînait à travers la place publique, sans que personne osât faire le moindre mouvement pour leur défense. Le consul, les tribuns du peuple, enfin le peuple lui-même, si fier de son pouvoir et de ses forces, qui venaient de les applaudir, étaient obligés de garder le

____

(1) Omnem potestatem concessit, — idque toto tempore.—

silence, et de respecter, dans les pères, l'autorité
que la loi leur donnait. » (1)

Les historiens ont confirmé ces témoignages,
en nous citant les noms de plusieurs pères qui
avaient tué leurs enfants (2).

Nous ne donnerons pas la nomenclature de
ces noms : — elle ne nous apprendrait rien de
nouveau.

Mais ce qu'il importe de bien faire remarquer, c'est que ce droit de tuer pouvait être
exercé, à Rome, non-seulement sur les enfants
adultes, mais même sur les hommes parvenus
à la maturité.

Cette particularité n'existait qu'à Rome.

C'est pour cela que Gaïus a dit : « Il n'y a
point d'autres hommes qui aient sur leurs fils
une puissance telle que la nôtre ! » (3)

Finissons.

Il est impossible, ce nous semble, d'accu-
muler plus de preuves, en moins de mots, pour
montrer que, soit avec des prétextes religieux,
soit avec des prétextes politiques, soit même
sans prétextes, les pères et les mères pouvaient
disposer de la vie de leurs enfants, *même
adultes*.

---

(1) Denys d'Halic., *Antiq. Rom.*, liv. 2, § 26.

(2) Valère-Maxime, ch. 8, nos 2 et 5.—Plutarq., *Parall.
d'Hist. Grecq. et Rom.*, § 41, et Dion Cassius, Passim.

(3) Gaïus, *Com.*, 1, § 55.

Nous pouvons, maintenant, parler du droit d'infanticide, ou du droit de disposer arbitrairement de la vie des nouveaux-nés.

CHAPITRE V.

Du droit d'infanticide.

Il y avait, chez les payens, deux sortes d'infanticides légaux : les infanticides *obligatoires,* ou qui étaient rigoureusement commandés par la loi, et les infanticides *facultatifs,* ou qui étaient abandonnés au caprice ou à la discrétion des pères et mères.

Occupons-nous, d'abord, des infanticides *obligatoires.*

Il est une catégorie de nouveaux-nés qui inspirent, aujourd'hui, à tout le monde une sollicitude et une pitié particulières : ce sont ceux qui portent, en naissant, l'empreinte des souffrances de leur mère, ou recueillent, avec la vie, le triste héritage des maladies ou des désordres de leurs parents.

On voit que nous voulons parler, d'abord, des enfants qui ont quelque vice apparent de conformation ; mais, nous comprenons aussi, dans cette formule, les enfants rachitiques, malingres, chétifs, débiles, venus avant terme, ou présentant le caractère d'une imperfection physique *quelconque*.

C'est cette catégorie d'enfants que les lois, dans beaucoup de pays, commandaient *impérieusement* de détruire et d'exterminer, aussitôt après l'accouchement de la mère, ou, au moins, dans un délai très rapproché de leur naissance.

Les lois ne s'en rapportaient pas même, généralement, à cet égard, au jugement des pères et mères ; elles déléguaient une espèce de commission chargée d'inspecter les enfants, et de statuer, en dernier ressort, sur le point de savoir s'il convenait de les laisser vivre, ou s'il fallait les faire mourir.

S'ils étaient condamnés, on avait le choix du genre de mort : on pouvait les étouffer, ou les noyer, ou les jeter dans un précipice, ou les brûler vivants ; mais on ne pouvait invoquer aucun prétexte pour les conserver.

Chez quelques peuples de l'Inde, spécialement, on se montrait très sévère sur le choix des enfants.

Ce n'était pas seulement ceux qui ressemblaient de près ou de loin à des monstres, qu'on mettait immédiatement à mort : c'était même ceux qui ne semblaient pas devoir être, un jour, des êtres robustes, beaux ou vigoureux.

Quinte-Curce atteste que lorsque Alexandre-le-Grand, entra dans le royaume des Sophites, il y constata l'existence d'une loi, faite dans le sens qui vient d'être indiqué.

Dans ce royaume, les parents n'avaient pas le droit de décider eux-mêmes, si leurs enfants devaient être élevés ou non : cette décision appartenait à des hommes spéciaux, investis de la mission d'examiner la constitution des nouveaux-nés.

S'ils les trouvaient contrefaits ou simplement débiles *(Segnes)*, ils ordonnaient de les tuer (1).

Diodore de Sicile cite lui-même un autre peuple de l'Inde, qui avait pour souverain un prince appelé Zopitès, et chez lequel la beauté

---

(1) Necari Jubent. — Quinte-Curce, liv. 9, § 1.

du corps était considérée comme une qualité essentielle.

Ceux, dit-il, qui étaient bien conformés, et paraissaient devoir être beaux et bien faits, étaient nourris avec soin ; mais ceux dans lesquels ils apercevaient quelques défauts corporels, étaient impitoyalement massacrés (1).

Il y avait encore, dans l'Inde, entre l'Hydraote et l'Hyphasis, d'autres peuples qui s'appelaient les Cathéens, et chez lesquels les mêmes lois étaient établies.

Chez eux, dit Strabon, on attendait au deuxième mois, après la naissance, pour statuer sur le sort des nouveaux-nés : on jugeait, alors, publiquement, si par leur figure ils méritaient de vivre ou non, et, d'après ce jugement, on les absolvait ou on les condamnait à mort (2).

On sait que les Amazônes étaient des femmes guerrières qui, d'après le témoignage de beaucoup d'auteurs, habitèrent différentes contrées de l'Asie, et s'établirent successivement dans les pays voisins du royaume du Pont, sur les côtes de la mer Noire, au pied des monts Cérauniens, et dans le voisinage des Scythes.

---

(1) Diodore de Sicile, liv. 47, § 49.
(2) Strabon, liv. 15, ch. 1, § 19.

Dans le royaume des Amazônes, la loi obligeait les mères à égorger, dès leur naissance, tous les enfants mâles (1).

L'histoire nous apprend que, dans certaines contrées de la Grèce, la loi obligeait également les pères et mères à tuer ou à faire tuer, après leur naissance, les nouveaux-nés qui ne remplissaient pas certaines conditions physiques déterminées.

Ainsi, à Sparte, un père n'était pas maître d'élever l'enfant qui venait de lui naître.

Plutarque, qui est né à Cheronée, dans la Béotie, et qui devait connaître parfaitement les usages de cette partie de la Grèce, dit que le père devait porter son enfant dans un lieu appelé *le Leschée,* où s'assemblaient les plus anciens de chaque tribu.

Ceux-ci visitaient l'enfant, et s'ils le trouvaient contrefait, chétif *ou débile,* ils le faisaient jeter dans un gouffre voisin du mont Taygète et qu'on appelait les Apotèthes (2).

Cet usage n'était pas spécial à l'Inde et à la Grèce : on le retrouve à Rome.

Romulus voulait, aussi, avoir des hommes robustes et des mères vigoureuses : mais comme il

---

(1) Qui nares nascerentur, interficiebant. — Justin, liv. 2, n° 4.

(2) Plutarque, *Vie de Lycurg.*, § 32.

désirait, avant tout, augmenter promptement la population de sa ville naissante, il apporta quelques restrictions à l'exercice du droit de tuer ses propres enfants.

Les traductions du passage de Denys d'Halycarnasse, qui nous a transmis ces détails, sont trop inexactes pour qu'il ne soit pas nécessaire d'en donner une nouvelle, sur le texte grec :

« Romulus, dit-il, imposa à tous les citoyens Romains l'obligation d'élever tous leurs enfants *mâles* et les *aînées* de leurs filles. Il leur défendit de tuer aucun enfant avant qu'il n'eût trois ans accomplis, *à moins que ce ne fût un enfant mutilé ou débile, — ou un monstre, — dès sa naissance.* En ce cas, il ne défendit pas aux parents de *l'exposer,* après l'avoir montré à cinq hommes du voisinage, s'ils étaient de cet avis. » (1)

Ainsi, d'après Romulus, les enfants *débiles* étaient placés sur la même ligne que les enfants monstrueux : c'est le point que nous voulions faire ressortir.

Nous allons voir, maintenant, ces restrictions disparaître, et l'obligation formelle de

______

(1) Denys d'Hal., *Antiq. Rom.,* liv. 2, ch. 15. — Le mot grec *anapéron,* veut dire : *mutilatus, debilis.* (Thesaur., *Ling. lat.)*

tuer les enfants *débiles* ou difformes , repro-
duite, par la loi des XII tables.

Voici le texte de la table IV :

« Que le père tue, sur-le-champ, l'enfant
remarquable par sa difformité ou ses défauts. » (1)

On voit qu'il ne s'agit pas seulement , ici ,
d'enfants monstrueux , mais même d'enfants
chétifs ou imparfaits.

L'histoire nous montre qu'il faut entendre,
dans ce sens, le texte de la loi des XII tables,
et nous fournit plusieurs exemples à l'appui de
cette vérité !

Nous citerons les Hermaphrodites.

On appelle ainsi les enfants qui paraissent
avoir, d'une manière plus ou moins complète,
les attributs physiques des deux sexes.

Assurément, les Hermaphrodites ne peuvent
pas être classés dans la catégorie des monstres.

Que faisait-on, pourtant, à Rome, des Hermaphrodites ? — On *devait les tuer* immédiatement, et on les jetait à la mer (1).

---

(1) Pater insignem ob deformitatem , puerum cito necato.
(Cic., *de Leg.* , III, 8. — Ortolan, **Hist. du Dr. Rom.** —
Pothier, **Pand.)**

— Le mot *deformitas ,* veut dire : difformité , laideur,
vice , défaut. *(Dict. lat.)*

(2) Antè omnia abomniati semi-mares : jussi que in mari
extemplo necari.—Tit.-Liv., 31, § 12.

En résumé, il y avait à Rome comme à Sparte, des cas où l'infanticide était obligatoire, c'est-à-dire des cas où les parents n'étaient pas maîtres d'élever leurs enfants.

Tous les écrivains de l'antiquité n'ont pas, sans doute, relevé ces particularités qui étaient, depuis des siècles, passées dans les mœurs, et auxquelles, ils ne devaient attacher aucune importance.

Mais nous sommes convaincus que, si tous les ouvrages qui ont été perdus ou détruits, par le temps, étaient encore entre nos mains, nous y trouverions la preuve que, chez plusieurs autres peuples, les lois ou les coutumes avaient imposé aux parents *le devoir* de tuer les *nouveaux-nés* contrefaits ou imparfaits.

Ces lois ou ces coutumes sont indiquées par la nature même des constitutions politiques qui existaient à cette époque, et par l'idée qu'on se faisait, alors, des droits de l'Etat et de la famille.

Mais ce qui est indubitable, c'est que lorsque les infanticides n'étaient pas obligatoires, ils étaient, toujours, *facultatifs*.

Les anciens, en général, regardaient le fœtus, avant sa naissance, comme une partie des viscères de la mère, et non comme un animal ou un être vivant.

Cette opinion était étendue au point que l'enfant qui venait de naître n'était considéré comme faisant partie de la société, qu'après avoir été reconnu par ses parents (1).

Quand une femme mariée était accouchée, on plaçait, ordinairement, l'enfant sur un linge ou dans un vase d'argile, et on le présentait au père.

Si le père faisait signe de le relever, c'est qu'il entendait que cet enfant fût élevé et nourri.

S'il gardait le silence, ou se retirait, sans donner des ordres contraires, il était compris par tout le monde que le père voulait que l'enfant fut tué *immédiatement,* ou au moins qu'il fût exposé.

C'est de là qu'est venue cette expression *relever l'enfant*, qu'on trouve si fréquemment dans les écrivains grecs et latins, et, notamment, dans les comédies de Plaute et de Térence (2).

Cet usage était répandu, particulièrement, dans la Grèce, mais il existait aussi dans les autres parties du monde.

Pour ne parler, d'abord, que d'Athènes, il

---

(1) Hippocrate, *des Chairs,* — et Plutarque, *des Opinions des philosophes,* liv. 5, ch. 15.

(2) Verùm, quod erit gnatum *tollito.*
(Plaute, *l'Amphytrion*).

— Quidquid peperisset, decreverunt *tollere.*
(Térence, *l'Adrienne)*.

est certain que le père avait le droit, d'après la loi , de tuer ou d'exposer son enfant, immédiatement après sa naissance (1).

Polybe se plaignait que, de son temps, les villes de la Grèce, en général, perdaient leur population, parce qu'on ne voulait ni se marier , ni nourrir les enfants en dehors du mariage, ou du moins n'en nourrir qu'un ou deux, afin de leur assurer de plus grandes richesses, et il ajoutait :

« Nous n'avons qu'un moyen de remédier à cet inconvénient, c'est *d'obliger, par une loi, les pères à élever* leurs enfants. » (2)

Donc, il n'y avait pas de loi qui les obligeât à les élever : mais que faisaient les pères et mères, en Grèce, quand ils ne voulaient pas élever leurs enfants ?

Ils faisaient ce que font les Chinois, dans le vaste empire de la Chine, où la législation ne punit, encore aujourd'hui, ni l'infanticide, ni l'exposition, ni même l'avortement (3) :

Ils les vendaient, lorsqu'ils trouvaient à les

---

(1) Quemadmodùm liberos tollere in patris erat positum potestate, ità etiàm *necare* et *exponere ;* — idque, meo judicio, non tàm moribus quàm *lege ,* receptum fuit *Athenis.*
(Samuel Petit).

(2) Polybe, liv, 37, ch. 4.

(3) Voir le *Ta-tsing-leu-lée ,* déjà cité.

vendre, et s'ils ne trouvaient pas à les vendre ils les tuaient ou les exposaient.

Il en était absolument de même, dans la législation romaine, non-seulement dans les premiers siècles de la fondation de Rome, mais encore après Jésus-Christ.

On voit souvent, — dans les écrivains latins, —la preuve que les parents pouvaient disposer arbitrairement de la vie de leurs nouveaux-nés (1).

L'auteur qui nous a laissé, sur ce point, les révélations les plus intéressantes, est certainement Sénèque, le philosophe.

Sénèque nous atteste que, même de son temps, on ne tuait pas seulement, à Rome, les enfants *monstrueux,* mais qu'on tuait encore les enfants *débiles !*

Voici ses propres paroles :

« Nous détruisons les chiens enragés ; nous tuons nos bœufs lorsqu'ils sont dangereux ou méchants ; nous égorgeons nos troupeaux malades afin qu'ils ne corrompent pas le troupeau :

---

(1) Mihei ausculta nate pueros *cremari jube.*
                    (Fragm. d'*Ennius ex Melanippâ).*
—Prodigia indomitis merge sub œquoribus.
                    (Tibull. 2, Eleg. 2).
—Macrobe, *Saturn.,* liv. 2.—Comburi jubere oportet.

4

nos enfants, aussi, s'ils sont nés *débiles* ou *monstrueux, nous les noyons !* » (1)

Ainsi,—à Rome,—au premier siècle de l'ère chrétienne, — comme au temps de Romulus et de la loi des XII tables , — on pouvait encore détruire impunément les enfants *débiles ,* aussi bien que les monstres.

On appelait, en général, *monstres,* les êtres qui, par leur aspect, ou par leurs vagissements, paraissaient plutôt appartenir à la race animale qu'à la race humaine (2).

On voit que l'infanticide, en ce qui concerne les monstres, devait être assez rare, et que c'était, surtout, pour les enfants mutilés ou débiles que la loi recevait son application.

Mais à qui appartenait le droit de décider si les nouveaux-nés étaient monstrueux ou débiles, et par conséquent , de statuer sur leur vie ou sur leur mort ?

Nous l'avons déjà dit , et nous le répétons, après Romulus et surtout depuis la loi des XII tables, ce droit appartenait au père seul, durant

---

(1) Liberos quoque , si *debiles* monstrosi que editi sunt, mergimus. (Senèq. , *De Irâ,* liv. 1, § 16).

(2) Vel qualem visu, vel vagitu novum , non humanæ figuræ, sed alterius magis animalis, quam hominis partum....

(*Digest.,* liv. 50, tit. 16, l. 135, — et liv. 1, tit. 6, l. 14 de *Verb. signif.)*

le mariage , et , en dehors du mariage, à la mère, si elle était libre.

C'est ce que nous allons montrer, encore plus clairement, en parlant de l'exposition qui n'est, — comme on l'a déjà compris, — qu'une variété de l'infanticide (1).

____

(1) Sanguinolentos licebat vel necare, vel exponere, *quod certè idem est.* (*Lois attiq.* de Sam. Petit).

CHAPITRE VI.

Du droit d'exposition des enfants.

Rien n'était plus fréquent, à l'époque dont nous parlons, que de voir dans les carrefours des routes, à l'entrée des portes des villes, dans les campagnes et dans les villes même, — comme on le voit encore dans la Chine, — des nouveaux-nés, demi-nus, vagissant, ou déjà, en partie, dévorés par les chiens ou les animaux sauvages.

Parfois, on voyait aussi, sur les bords de la mer, ou le long du cours des rivières et des fleuves, voguer, comme des barques abandonnées, de petits berceaux ou des boucliers, contenant de jeunes enfants destinés à la mort.

Les écrivains qui nous ont rapporté ces faits les auraient même, probablement, passés sous silence, si des circonstances extraordinaires n'avaient appelé, plus particulièrement, leur attention sur l'exposition de quelques enfants devenus célèbres.

C'est ainsi qu'en Egypte, la Bible nous montre la fille de Pharaon, découvrant, parmi les roseaux du Nil, un panier de jonc, enduit de bitume et de poix, dans lequel une femme de la tribu de Lévi avait exposé son fils.

Cet enfant fut appelé Moyse, et a rempli, comme on sait, le monde de son nom (1).

C'est ainsi qu'en Médie, Hérodote et Isocrate nous montrent Astyages livrant un enfant de sa fille Mandane à l'un de ses officiers, qui le fait exposer, par un berger, dans les forêts (2).

Cet enfant devint le grand Cyrus.

Justin rapporte un trait de férocité qui, à cause de son étrangeté même, mérite d'être connu.

« Il y avait, dans un royaume appelé, aujourd'hui, *le royaume des Algarves*, en Portugal, un roi nommé Gargoris, qui, après avoir

---

(1) Exode, chap. 11 ; 1 et suiv.
(2) Isocrate à Philippe.

fait exposer l'enfant de sa fille dans un lieu désert, envoya, quelques jours après, chercher le corps de la victime.

L'enfant vivait.

Le roi le fit jeter dans un sentier où passaient journellement des troupeaux qui devaient l'écraser sous leurs pieds.

L'enfant fut épargné.

Le roi pensa qu'en le livrant à des chiens, dont on avait depuis plusieurs jours excité la faim, et ensuite à des pourceaux, il en aurait plutôt raison.

Les chiens s'éloignèrent, et les pourceaux ne touchèrent pas à l'enfant.

A la fin, le roi, impatienté, le fit jeter à la mer.

Mais l'enfant fut rejeté sain et sauf sur le rivage, et cette épreuve fut la dernière.

Gargoris reprit alors son petit-fils, et celui-ci devint roi, à son tour, sous le nom d'Atrabis (1). »

En Sicile, Carcinus de Rhèges, chassé de sa patrie, vint s'établir à Thermes, qui était alors soumise aux Carthaginois, et d'après le conseil des devins, il exposa son fils qui devait, — disait-on, — causer de grands maux à Carthage.

----

(1) Justin, liv. 44, § 4.

Cet enfant devint Agathocles, le fameux tyran de Syracuse (1).

Enfin, dans cette même Sicile, Hiéroclès, dont les aïeux remontaient à Gélon, fit exposer son fils Hiéron, qu'il avait eu avec une esclave.

Le fils de l'esclave monta sur le trône de Syracuse, sous le nom de Hiéron II, et fut un grand prince que l'histoire admire encore (2).

En Grèce, le fils de Laïus qui, sous le nom d'Œdipe, a si souvent exercé le génie des poëtes tragiques, et fait verser tant de larmes sur ses infortunes, avait été exposé sur le mont Cithéron, les deux pieds traversés par une tige de fer.

Œdipe devint roi de Thèbes (3).

En Italie, Amulius, roi d'Albe-la-Longue, dans le Latium, fait exposer Romulus et Remus sur les bords du Tibre (4).

On sait que Romulus fut le fondateur de Rome.

Voilà des faits — et des faits assez nombreux,

---

(1) Diodore de Sicile.

(2) Justin, liv. 23 ; Tite-Live, 16, § 12.

(3) Euripide, *les Phéniciennes.* — Aristophane, *les Grenouilles.*—Pausanias, liv. 10, chap. V.—Sénèque, *OEdipe,* v. 857 et suiv.

(4) Cicer. *Répub.* liv. 2, § 2.
Is jubet auferri pueros et in amne necari :
Quid facis ? Ex istis, Romulus alter Erit.
  Ovide, *Fastes*, liv. 2, § 280 et suiv.

— qui montrent déjà que l'exposition des enfants, dans des lieux solitaires ou fréquentés, était en usage chez les anciens.

Entrons, maintenant, dans les théâtres ; écoutons ce que les acteurs disent à la foule ; recueillons les confidences de l'histoire, ou prêtons l'oreille aux conversations privées ; nous verrons que, partout, les pères et mères parlent de tuer ou d'exposer leurs enfants comme d'une chose parfaitement licite et admise par les lois.

Dans la charmante pièce de Plaute, intitulée la *Cassette,* le dieu Secours raconte qu'un marchand de Lemnos avait commis un attentat sur une vierge, et que la malheureuse était devenue mère.

Il ajoute : « Ne connaissant pas l'auteur de cette injure, elle fit sa confidence à une esclave de son père, et lui remit sa fille *pour l'exposer et la faire mourir* (2). »

Térence est encore plus explicite dans sa pièce de l'*Heauton-Timorumenos,* qu'il avait tirée du poète grec Ménandre.

Dans cette pièce, un mari, appelé *Chrémès,* gourmande durement sa femme, appelée

______

(2) Dat eam puellam ei servo exponendam *ad necem.*
(Plaute, act. 1, sc. 3).

Sostrata, pour avoir *exposé* sa fille qu'il avait ordonné de tuer. Voici le dialogue tout entier :

« SOSTRATA : — Vous souvenez-vous qu'il y a quelques années, j'étais grosse, et que vous me dites formellement que si j'accouchais d'une fille vous ne vouliez pas qu'elle fut élevée ?

» CHRÉMÈS : — Je vois ce que vous avez fait ; vous l'avez élevée, n'est-ce pas vrai ?

» SOSTRATA : — Point du tout, mais il y avait une vieille femme de Corinthe, fort honnête ; je la lui donnai à exposer. *(Ei dedi exponendam)*.

» CHRÉMÈS : — O Jupiter ! peut-on être si mal avisée ?

» SOSTRATA :—Je suis perdue, qu'ai-je fait ?

» CHRÉMÈS : — Me le demandez-vous ?

» SOSTRATA : — Si j'ai mal fait, cher Chrémès, je l'ai fait sans le savoir.

» CHRÉMÈS : — En vérité, quand vous ne le diriez pas, je suis bien persuadé que c'est sans le savoir, et sans y penser, que vous dites et que vous faites toutes ces choses. Dans cette seule occasion, combien de fautes de jugement ? Premièrement, si vous vouliez exécuter mes ordres, *il fallait la tuer*, et ne pas faire semblant de lui donner la mort en lui laissant en réalité la vie. La pitié, la tendresse maternelle vous ont vaincue ! — Je laisse… mais combien vous avez manqué de prévoyance ? Qu'avez-vous voulu ? Réfléchissez ! Vous avez entièrement abandonné votre fille à cette vieille, de manière qu'il n'a pas dépendu de vous qu'elle se prostituât ou qu'elle fût vendue publiquement. Voilà, je crois, ce que vous avez pensé. Vous avez dit : pourvu qu'elle vive, de quelque manière que ce soit, cela me suffit. *Que voulez-vous qu'on fasse avec des créatures qui ne connaissent ni ce qui est juste, ni ce qui est honnête, ni ce qui est raisonnable ?* (1) »

Quelles que puissent être les libertés du théâtre, il est manifeste que Chrémès n'aurait pas reproché à Sostrata d'ignorer toutes les règles de la justice et de la raison, pour avoir refusé de tuer sa fille, si l'infanticide n'avait pas été permis comme l'exposition.

Il y avait à Rome, au pied du Mont-Aventin, une espèce de lac du même nom, situé dans un quartier fort bas, servant d'égoût aux immondices, habité par des boulangers, des bouchers et des aruspices, et sillonné par les voitures d'une foule de marchands.

______

(1) Térence, acte III, scèn. V.

On appelait ce quartier le Velabre (1).

C'était là que, le plus souvent, on exposait les nouveaux-nés.

On peut deviner le spectacle qui, dans une grande ville populeuse, comme la Rome payenne, s'offrait, journellement, aux habitants ou aux promeneurs de ce quartier.

Et qu'on n'aille pas croire que cet usage n'existait que dans le peuple, et que les grands, les patriciens, les chevaliers ne faisaient pas, sous ce rapport, tout ce que faisaient les plébéïens !

Ils considéraient eux-mêmes l'exposition comme l'exercice d'un droit reconnu par l'usage, et accepté par la conscience publique.

Ainsi, du temps même de Jésus-Christ, l'empereur Claude fit jeter et *exposer* sa fille Claudia, toute nue, devant la porte de sa mère, quoiqu'elle eût déjà cinq mois après son divorce, et qu'il eût même commencé à l'élever.

Plus d'un siècle, après Claude, Lucien, parlait encore de l'exposition comme d'un fait habituel et vulgaire.

Dans son *Dialogue des Courtisanes*, il fait dire à Myrtion :

---

(1) In Velabro vel pistorem, vel Lancium, vel aruspicem, vel qui ipsi vortant, vel qui, alii ut subvorsentur, prœbeant.
(Plaute, Curcul. art. 4, sc. 1).

— « Voilà donc tout ce que m'a valu ton amour : tu m'abandonnes, en cet état ! bientôt, il me faudra nourrir un enfant : (quelle charge pour une courtisane !) car, je ne crois pas que *j'expose* celui dont j'accoucherai, surtout, si c'est un garçon. »

Nous pourrions encore citer beaucoup d'autres anciens écrits, mais il faut s'arrêter (1).

En résumé, nous pouvons dire, avec certitude, que chez tous les peuples payens, à l'époque de Jésus-Christ, les pères et mères avaient le droit *d'exposer* leurs enfants, sans avoir d'autres règles à suivre que leur propre volonté (2).

Nous ne trouvons d'exception à cet usage que chez les Thébains où, — comme nous l'avons dit, dans notre première étude,—au lieu *d'exposer* son enfant, le père était obligé de le porter au magistrat de la cité qui le vendait pour en faire un esclave.

Arrivons à l'avortement.

---

(1) Euripide, *Ion*, act. 1, sc. 1. — Pausanias, *Voy. dans l'Attique et dans l'Arcadie*, etc. — Longus, *Daphnis et Chloé*.

(2) Expositio infantium *omnium* ferè gentium fuit. (Meursins, 8, p. 1443).—Samuel Petit, liv. 2, tit. 4, § 6.—De Pastoret, *Législ. des Athén*,, ch. 9. — Troplong, *De l'Infl. du Christ*, 2ᵉ p., ch. 9.

CHAPITRE VII.

Du droit d'avortement.

Les raisonnements et les faits sont d'accord pour démontrer que, chez les nations payennes, l'avortement n'était interdit par aucune loi pénale, et était lui-même accepté , dans les mœurs, comme une chose indifférente.

Nous avons déjà dit que les anciens , *en général,* pensaient que l'enfant, dans le sein de sa mère, n'était pas un être distinct et vivant.

S'il faut en croire Plutarque , sur ce point , ils comparaient l'enfant , tant qu'il était dans l'uterus, aux fruits qui font partie de l'arbre, et qui n'ont une existence individuelle qu'après en avoir été détachés.

Empédocle ne regardait pas le fœtus comme un animal ; Diogène pensait que les animaux naissaient inanimés, et ne s'animaient que par la respiration ; Hérophile, était de cet avis.

Les Stoïciens pensaient comme Empédocle, Diogène et Hérophile (1).

Mais si l'enfant, dans l'uterus, n'était pas, à leurs yeux, un être vivant et doué d'une existence individuelle, que devait-il en résulter ?

C'est qu'en détruisant le fruit de la conception, dans l'uterus, par des moyens artificiels, on ne *tuait* pas un enfant, (car, on ne tue que ce qui est vivant), et que, par conséquent, on ne commettait pas un homicide.

Telle était, en effet, l'opinion de tous les jurisconsultes qui étaient imbus des principes du Portique : Pour eux, il était aussi permis à une femme de faire couler son fruit, que de percer un abcès, ou de retrancher une partie d'elle-même (2).

---

(1) Plutarque , *des Opin. des Philos.,* liv. 5, ch. 15.

(2) Ejus qui in utero esset homicidium esse jurisconsultis non videbatur , qui stoæ principiis imbuti , hunc nundùm hominem esse judicabant.

(Pothier, Dig., liv. 48, tit. 8, § 6).

On doit penser qu'il y avait des savants qui considéraient l'enfant, dans l'uterus, comme un être vivant, au moins à partir d'une certaine époque de la conception.

Mais, dans cette hypothèse, et pour ceux-là même qui partageaient cette opinion, comment admettre que la destruction ou l'expulsion prématurée du fruit de la conception aurait pu être interdit à la mère, ou à ceux qui avaient autorité sur elle, lorsque l'infanticide même n'était pas défendu ?

Détruire, dans le sein d'une femme, un être dont la forme et la viabilité sont encore, au moins, incertaines, n'est-il pas un fait moins grave et moins important que de tuer des enfants déjà nés et viables ?

Pour soutenir que les législations qui permettaient l'infanticide et l'exposition devaient permettre l'avortement, il nous semble qu'il serait assez raisonnable d'invoquer cette règle de bon-sens et de droit, qui consiste à dire qu'on ne peut interdire le moins à celui qui peut faire le plus (1).

Mais si, en cette matière, les raisonnements pouvaient nous tromper, les faits ne nous trom-

---

(1) Non debet cui plus licet, quod minùs est non licere.
(Dig., de Reg. Jur., l. 21).

peront pas : Interrogeons donc les faits, et demandons-nous ce qui se passait en Grèce.

Hippocrate, le célèbre médecin de Cos, qui écrivait 400 ans, environ, avant Jésus-Christ, nous a laissé, dans ses ouvrages, des renseignements qui ne nous permettent pas de douter que les médecins de son temps pratiquaient l'avortement, sans difficulté et sans mystère.

Il a écrit, dans son chapitre du *Serment,* une phrase qui nécessite d'abord une explication : « Je ne remettrai, dit-il, à aucune femme de pessaire abortif. » (1)

Quelques personnes se sont emparées de cette phrase pour soutenir qu'Hippocrate avait interdit l'avortement : elles se trompent.

Prétendre qu'en parlant ainsi, il entendait interdire l'avortement volontaire, c'est comme si l'on disait qu'il avait interdit la lithotomie, parce que, dans le même chapitre, il avait dit : « Je ne pratiquerai pas l'opération de la taille, je la laisserai à ceux qui s'en occupent. »

Il est évident qu'un pareil raisonnement serait une erreur.

Hippocrate a voulu dire qu'on ne devait pas confier *à des femmes* des instruments de cette nature, parce qu'ils pouvaient devenir dans

______

(1) Hippocrate, *le Serment.*

leurs mains, des armes dangereuses ; mais il n'en a pas, du tout, interdit l'usage aux médecins.

La preuve qu'il n'interdisait pas l'avortement volontaire aux médecins, c'est qu'il déclare lui-même qu'il le pratiquait.

Il raconte que, chez une femme de sa connaissance, était une baladine fort estimée qui avait fait commerce avec les hommes, et *qui ne devait pas devenir grosse afin de ne pas perdre de son prix :* il lui ordonna de faire *le saut des Lacédémoniennes,* et, par ce moyen, dit-il, il la fit avorter (1).

Un des moyens les plus fréquemment employés était la ponction de l'œuf, ou la piqûre des membranes fœtales.

On se servait pour cette opération d'une aiguille qui s'appelait, en Grèce, *l'embryosphacte ;* et l'un des reproches que les chrétiens faisaient aux payens, c'est que cette aiguille avait été entre les mains d'Hippocrate, d'Asclépiade, d'Eresistrate et d'Hérophile (2).

Nous voyons, dans le dialogue du *Théétète,* de Platon, qu'en Grèce, les sages-femmes pratiquaient aussi l'avortement.

----

(1) Hipp., *de la Nature de l'enfant.*
(2) Tertullien, *De l'Ame,* § 25.

L'historien Elien, qui est venu longtemps après Platon, raconte qu'aux environs de Cerynia, ville située sur les frontières de l'Arcadie, il y avait un vin, fort célèbre, dont les femmes avaient coutume d'user, quand elles voulaient se faire avorter (1).

Mais si ces preuves ne paraissent pas encore assez complètes et assez décisives, nous en trouverons d'autres dans les écrivains latins.

Une chose qui nous a souvent frappé, c'est la ressemblance qui existe, dans beaucoup de cas, entre les principes généraux du droit romain et les principes du droit grec.

S'il est vrai que la constitution politique de la République romaine, si justement vantée par Polybe et Cicéron, ne ressemblait à aucune autre, il n'est pas moins vrai,— pour nous,— que la plupart des institutions du droit privé de Rome avaient été empruntées au droit grec.

Romulus vivait à une époque où la Grèce était remplie de poètes et de musiciens, et où les sciences et les lumières étaient déjà fort anciennes : il s'était inspiré des législations de Lacédémone et d'Athènes (2).

Pythagoras, de Sparte, qui avait remporté le

---

(1) Elien, *Histoires variées,* liv. 13, ch. 6.

(2) Cic., *Républ.,* liv. 2, § 10. — Denys d'Halicarnasse, liv. 2, § 15 et suiv.

prix de la course aux Jeux Olympiques, dans la *troisième* année de la XVIe Olympiade, — correspondante à l'élection de Numa, — avait fait un voyage en Italie , et était devenu l'ami de ce prince.

Plutarque assure qu'il l'avait aidé à ordonner les affaires de son royaume, et que c'était de là qu'étaient venues « les institutions *laconiennes* qu'on voyait mêlées, *en grand nombre,* aux institutions des Romains. »

Les mots grecs étaient déjà très communs dans la langue latine.

Sous le roi Ancus-Marcius, les arts, les sciences de la Grèce avaient, — selon l'expression même de Cicéron, — pénétré dans Rome *par torrents.*

Lucius Tarquin , qui avait succédé à Ancus-Marcius, avait été formé lui-même sur le plus complet modèle de l'éducation grecque (1).

Après l'expulsion des rois, le gouvernement républicain avait envoyé à Athènes Postumius Albus, Manlius, et Sulpicius Camerinus, pour recueillir les lois les plus remarquables de *Solon ,* et les usages et les institutions des *autres villes* de la Grèce (2).

---

(1) Plutarque, *Vie de Numa.* — Cicér., *Rép.,* liv. 2, § 19 et 32, — et Plutarque, *Vie de Numa.*

(2) Missi legati Athenas.... jussi que inclytas *leges Solonis*

On parlait grec à Rome, non-seulement dans les classes lettrées, mais même dans le peuple.

On s'écrivait en grec.

On composait des livres en grec ; on faisait, souvent, son éducation en Grèce (1).

Il paraît donc certain qu'il existait, entre la civilisation romaine et la civilisation grecqne, une affinité assez étroite, et l'on peut dire que, — surtout pour des institutions fondamentales comme le droit de vie et de mort dans la famille, — le droit romain et le droit grec peuvent, jusqu'à un certain point, s'éclaircir et s'expliquer l'un par l'autre.

Ceci posé, si les Grecs permettaient l'avortement, est-il possible d'admettre que les Romains l'aient interdit?

L'analogie, qui existait entre ces deux civilisations, ne permettrait guère d'accepter cette opinion ; cependant, on pourrait le faire, si

---

describere, et *aliarum Grœciœ civitatum* instituta, mores, *juraque* noscere.—(Tit.-Liv., l. 3, § 31).

—Habe antè oculos hanc esse terram, *quœ nobis miserit jura,* quœ *leges* non victis, sed *petentibus* dederit. *(Lett. de Plin.-le-Jeun.,* liv. 8, lett. 24).

(1) Erat italia tunc plena Grœcarum artium ac disciplinarum. (Cic. *pro Arch,* §§ 3 et 10.) — Grœca leguntur in omnibus ferè gentibus. (Id. *loc. cit.)*

L.—Cicer. à Atticus.—Cornel. Nepos, *Vie d'Atticus,* § 18. —Varron, *de re Rusticâ,* liv. 1, § 1, et liv. 2, § 1.

des faits nombreux et graves ne venaient démontrer que , sur ce point encore , la Législation Romaine , *avant Jésus-Christ* , était restée muette comme la Législation Grecque.

Parmi ces faits , il en est un qui mérite d'être signalé.

Après la prise de Veïes , comme l'Etat ne pouvait plus suffire aux dépenses de la guerre, les dames romaines avaient eu la générosité et le patriotisme de se dépouiller de leur or , de leurs ornements et de leurs joyaux , et de les porter au trésor public , pour accomplir un vœu fait par Camille à Apollon-Pythien.

Un si beau dévouement méritait une récompense : le Sénat leur accorda celle qui pouvait les flatter le plus.

Il leur accorda le droit de se faire porter tous les jours de l'année dans des chars attelés de deux chevaux, qu'on appelait *Carpenta*.

Les *Carpenta* firent fureur.

Les rues de Rome en furent sillonnées, et le luxe prit, bientôt, de telles proportions que les sénateurs furent obligés d'aviser.

Il intervint un sénatus-consulte qui, entr'autres mesures , interdit l'usage de ces chars ; mais Rome fut presqu'à la veille d'une révolution.

Les femmes s'assemblèrent , délibérèrent, et

décidèrent, fort habilement, sans doute, que jusqu'à ce que le Sénat leur eût rendu leurs chars, elles cesseraient de devenir mères, sans toutefois s'éloigner de leur époux ; en conséquence, aussitôt qu'elles avaient conçu, elles se faisaient avorter (1).

Que firent les sénateurs ? Firent-ils poursuivre les femmes qui se faisaient avorter ? Présentèrent-ils au peuple une loi pour faire punir l'avortement ?

Pas le moins du monde.

Ils rapportèrent le sénatus-consulte qui avait mécontenté les femmes, et leur rendirent les *Carpenta !*

Les naissances reparurent, et un temple fut élevé à Rome, à la déesse Carmenta, en reconnaissance du retour de leur heureuse fécondité (2).

Mais ce retour ne fut qu'une joie passagère pour les maris, et une trève de courte durée pour les femmes.

Quand le luxe se fut glissé partout, avec la débauche, l'avortement reprit son cours, et

---

(1) .... Ictu, temeriara, cœco,
Visceribus crescens excutiebat onus.
(Ovide, *Fastes*, liv. 1, v. 630 et suiv.)
(2) Plutarque, *Quest. rom.*, § 56. — Tite-Live, liv. 25, § 26.

devint, bientôt, une affaire de mode comme les chars.

Il faut lire les écrivains latins des derniers temps de la République, et surtout du commencement de l'Empire, pour comprendre à quel excès de dépravation la société romaine était arrivée, en cette matière.

Le respect des bienséances ne nous permet pas de mettre tous ces passages sous les yeux des lecteurs ; nous essaierons, cependant, de justifier ces assertions par quelques traits.

Sénèque, le philosophe, félicite publiquement sa mère de ne pas imiter les femmes jeunes et riches de son temps qui se faisaient avorter, pour que leur grossesse n'entravât pas leurs plaisirs et n'altérât pas l'éclat de leur beauté :

« — Différente des autres femmes qui n'aspirent à d'autre gloire qu'à celle de la beauté, vous n'avez pas, lui disait-il, caché l'enflure de votre sein comme un poids qui nuisait à la grâce : vous n'avez pas étouffé dans vos entrailles l'espoir de votre postérité. » (1)

Dans la tragédie de *Médée*, l'auteur met, dans la bouche de la fille d'Eétès, ces paroles, qu'elle adresse à Jason :

---

(1) Sénèq., *Cons. à Helvia*, ch. 16.

« — C'est trop peu de deux victimes pour apaiser ma colère : si je porte encore quelque gage de ton amour, je sonderai mes entrailles, *et je l'en arracherai avec le fer* (1).

Dans un petit poème, intitulé *le Noyer*, et qui est un vrai chef-d'œuvre de finesse et de grâce, Ovide exprimait la même pensée que Sénèque :

« — Maintenant, disait-il, celle qui veut paraître belle, détruit le fruit qu'elle a conçu : *Il est rare d'en trouver une, dans ce temps, qui veuille être mère* (2).

Il y a, dans son poème des *Amours*, qui se trouvait alors dans la main de toutes les dames Romaines, une certaine élégie dans laquelle il faisait connaître que sa maîtresse Corinne était gravement malade parce qu'elle s'était fait avorter.

Nous ne pouvons pas traduire la pensée de coquetterie qu'il prête à Corinne, pour expliquer cet avortement (3).

---

(1) .... Si quod pignus etiam latet,
  Scrutabor ense viscera, et *ferro extraham.*
  (Sénèq., *Médée*, V, 1013.

(2) Nunc uterum vitiat quæ vult formosa videri,
  Rará quæ, in hoc œvo, est quœ velit esse parens.
  (Ovide, *Eleg., Nux)*.

(3) Dùm labefactat onus gravidi, temeraria, ventris,
  In dubio vitæ lassa Corinna jacet. —
  .... *ut careat rugarum crimine venter*
  Sternatur pugnæ tristis arena tuæ.
  (Ovide, liv. 2, *Eleg.*, 13).

Pline l'ancien avouait, en rougissant, que les hommes avaient des moyens pour tromper la passion, et que les femmes se faisaient avorter : *Feminis vero abortus* (1).

Juvénal ne craint pas de dire que, de son temps, il n'y avait bientôt plus à Rome et dans toutes les grandes villes de l'Italie, que *les femmes du peuple* ou les femmes esclaves qui, faute de liberté, de temps ou d'argent, acceptaient les douleurs de l'enfantement et les charges de la maternité :

Ecoutons-le :

« Celles-là, du moins, disait-il, subissent encore ces chances ! *Mais ce n'est plus sur des couches dorées qu'on trouve des femmes qui consentent à engendrer des enfants :* tant sont funestes les arts de ceux qui savent, à prix d'argent, rendre stériles les seins féconds, et tuer les hommes dans les entrailles. » (2)

Nous renonçons à traduire les passages dans lesquels il nous montre l'impure Julie faisant disparaître les traces de ses débauches avec son oncle; et les nobles matrones recherchant les

---

(1) *Hist. nat.*, liv. 10, § 82.
(2) Sed jacet aurato *vix nulla* puerpera lecto !
(Juv., Sat., VI).

caresses des eunuques pour éviter de recourir à l'avortement (1).

Il est évident que ces écrivains n'auraient pas tenu un pareil langage et que d'aussi graves désordres ne se seraient pas produits, avec ce caractère de généralité et de publicité, s'il y avait eu une loi pour punir l'avortement.

Aussi, pouvons-nous affirmer que, chez les Romains, avant Jésus-Christ, les femmes avaient le droit de se faire avorter, et que leurs complices étaient, comme elles, à l'abri de toute espèce de poursuites judiciaires.

Si quelques doutes pouvaient encore subsister, à cet égard, ils ne tarderaient pas à se dissiper.

Nous ferons connaître, plus loin, les efforts qui ont été faits par les premiers chrétiens pour faire cesser ces abominables renversements des lois de la nature, et la date précise des premiers rescrits impériaux qui ont tenté d'arriver à ce résultat (2).

---

(1)   Cùm tot abortivis fecundam Julia vulvam
          Solveret, et patrui similes effunderet offas !...
                              (Juv., *Sat.*, 2).
        Sunt quas Euneuchi imbelles ac mollia semper
        Oscula delectant, et desperatio barbœ,
        Et *quod abortivo non est opus.*
                              (Id., *Sat.*, VI, v. 366).
(2) Sect. IIIᵉ, *Droit chrétien*, chap. 2, 3 et 5.

CHAPITRE VIII.

Du droit de vie et de mort des maris sur leurs femmes.

On repousserait, avec incrédulité, l'assertion que les législateurs payens ont accordé aux maris le droit de vie et de mort sur leurs femmes, si l'on ne savait déjà que ces mêmes législateurs avaient accordé aux maîtres le droit de tuer arbitrairement leurs esclaves, et aux pères et mères le droit de tuer arbitrairement leurs enfants.

Mais on comprend que toutes les institutions d'une époque sont inspirées par le même esprit, et se soutiennent les unes par les autres.

Les raisons de décider, — pour admettre le droit de vie et de mort dans la famille, — découlent, évidemment, d'un même principe ; du moment où l'on accepte ce principe, il faut accepter, partout, ses conséquences.

Dans la famille payenne, avant le christianisme, la femme était, ordinairement, au *pouvoir* du mari, au même titre que les esclaves et les enfants : la logique devait donc conduire à reconnaître, *dans ce cas,* aux maris, sur leurs femmes, les mêmes droits qu'aux pères et aux maîtres sur les enfants et les esclaves,

C'est, en effet, ce qui avait été admis, en principe, par tous les peuples payens, en général.

Nous démontrerons, à la fin de cette section, combien ce droit de vie et de mort sur les femmes était également logique et rationnel, au point de vue des idées du paganisme ; mais, auparavant, nous devons d'abord faire connaître les législations qui l'avaient expressément consacré.

Parmi les peuples qui avaient interdit l'adultère, il y avait d'abord un cas où l'on reconnaissait, sans difficulté, aux maris le droit de tuer impunément leurs femmes : c'était celui où ils les surprenaient, en flagrant délit, avec leur complice, dans la maison conjugale.

Ce droit ne leur était pas seulement reconnu par les peuples les moins civilisés : il l'était, aussi, par les Grecs et par les Romains.

Dans la salle même de l'Aréopage, à Athènes, il existait une colonne sur laquelle on avait écrit *une loi*, qui défendait formellement de condamner, comme meurtrier, quiconque aurait tué l'amant de sa femme, lorsqu'il était pris en flagrant délit avec elle ; et il paraît certain que, dans ce cas, le mari avait aussi le droit de tuer immédiatement sa femme (1).

Il en était de même dans la législation romaine.

Nous avons, sur ce point, un document très curieux qui nous a été rapporté par Aulu-Gelle ; c'est un passage de Marcus Caton.

Voici la traduction littérale de ce passage :

« — Un mari, disait-il, à moins d'un divorce, est *le juge* de sa femme, et fait pour elle l'office de censeur. *Il a sur elle un pouvoir illimité* (imperium, *quod videtur*, habet). Si elle a commis quelque action méchante ou perverse, il la châtie. Si elle a bu du vin, si elle a fait quelque chose de coupable avec un homme étranger, il la condamne. En effet, quant au

______

(1) Lysias, *Plaidoyer pour Eratosthène.* — Licebat interficere et adulterum et *adulteram.*

(Meursius, *Them. Att.*, ch. 4 et 5.)

droit de tuer, il a été écrit : Si tu surprends ta femme en adultère, tu peux la tuer, *sans jugement, et impunément* (sine judicio, impunè, necares). Mais si elle te surprend, toi, au moment où tu commets l'adultère, elle n'oserait pas te toucher du doigt : et en effet, elle n'en a pas réellement le droit. » (1)

Il y a ceci de fort remarquable, dans ce passage, que les lois romaines reconnaissaient aux maris le droit de tuer leurs femmes, *sans jugement*, non-seulement lorsqu'elles commettaient un adultère, mais encore *lorsqu'elles buvaient du vin.*

Il paraît que, dans les premiers siècles, les Romaines ne pouvaient boire que de la liqueur extraite des raisins cuits, de l'hypocras, ou des boissons douces.

Valère-Maxime rapporte, qu'un certain Egnatius-Métellus avait fait expirer sa femme sous les coups de bâton, *pour avoir bu du vin,* et qu'il n'y eût pas une voix à Rome pour critiquer sa conduite.

Ce meurtre, dit l'historien, loin de trouver un accusateur, ne fut pas même blâmé (2).

---

(1) Aulu Gell., *Nuits attiq.*, X, 23.
(2) Valère-Maxime, l. 6, ch. 3, § 9.

Sans doute, cette sévérité, pour un fait si peu grave, ne tarda pas à tomber en désuétude, mais ce qu'il y a de certain, c'est que du temps de Paul, qui vivait sous Septime-Sévère et Antonin Caracalla, il était encore permis aux maris de tuer *impunément* leurs femmes, en cas de flagrant délit d'adultère (1).

N'était-il pas aussi permis aux maris de tuer leurs femmes, pour d'autres cas ?

Il est impossible d'en douter.

A Rome, les femmes mariées se divisaient en deux catégories : les mères de famille *(matres familiâs)* et les matrones *(matronœ)*.

On appelait *mères de famille* les femmes qui passaient, *corps et biens,* au pouvoir de leur mari, et prenaient, en entrant dans sa famille, le rang et la place *d'une fille :* elles étaient alors, selon l'expression consacrée par le droit romain : *in manu mariti* (2).

---

(1) Inventam in adulterio uxorem, maritus ità demùm occidere potest, si adulterium domi suæ deprehendat. (Paul, **Recept. Sent.,** liv. 2, tit. 25).

La loi Julia, *de adulteriis au digeste,* a été modifiée par Tribonien, dans le 6e siècle de l'E. Ch.

(2) Matres familiâs dicebantur, quæ ità *in manum mariti* convenerant, quià non in matrimonium tantùm, sed *in familiam potestatemque mariti,* transierant. (Gell., *Noct. Att.,* XVIII, 6.

In familiam viri transibat, filiæ que locum obtinebat. (Gaïus, c. 1, § CVI).

Il est incontestable que les maris avaient droit de vie et de mort sur les femmes *in manu*, comme sur leurs propres enfants.

Les commentateurs le reconnaissent (1).

Tite-Live raconte que, lors de la fameuse association des Bacchanales qui mit, un instant, en péril, la République Romaine, les femmes condamnées à mort étaient remises à leurs Cognats, ou aux maris *sous la main* desquels elles étaient, pour être exécutées chez eux (2).

Les femmes pouvaient encore être placées *in manu,* du temps de Gaïus ; par conséquent, à cette époque, les maris avaient encore, sur elles, le droit de vie et de mort (3).

Quant aux *matrones,* elles étaient, vis-à-vis du mari, dans une situation bien plus indépendante ; on les appelait *matrones,* parceque, — en se mariant, — elles n'entraient pas dans la famille du mari, et restaient maîtresses d'elles-mêmes (4).

---

(1) Sicut enim parentibus in liberos, ità maritis jus vitæ et necis in uxores quæ *in manum* ipsorum convenerant, competebat. (Pothier, *Pand.,* liv. 1, tit. 6, art. 4, et *Fragm. des XII tables).*

(2) Tite-Live, L. 39, § 18.

(3) Gaïus, C. 1, § 108.

(4) Quæ vero nubendo sui juris remanserant, dicebantur *matronæ.* (Aulu-Gell., *Loc. cit.)*

On comprend, dès lors, que les maris ne pouvaient pas avoir, sur les *matrones*, les mêmes droits que sur les mères de famille.

Denys d'Halicarnasse a écrit ces mots : « Si la femme commettait quelque faute, elle avait pour juge son mari qu'elle avait offensé : *il était maître de la grandeur du châtiment.* — Les parents connaissaient avec le mari des fautes dans lesquelles il était question d'adultère, et aussi (ce que les Grecs regardaient comme une faute très-légère) s'il était probable que la femme eût bu du vin. » (1)

Il ne faudrait pas s'emparer de cette dernière phrase pour soutenir que l'intervention des parents était *toujours* nécessaire aux maris pour condamner leurs femmes ; car, avec cette explication, il ne serait plus vrai de dire, — comme on l'a démontré, — qu'ils avaient le droit de vie et de mort.

L'intervention des parents ne pouvait être nécessaire que pour condamner les *matrones*, et il importe, d'ailleurs, de remarquer que, si les parents assistaient au jugement, ils ne *jugeaient* pas.

Nous en trouvons la preuve dans Tacite.

L'auteur raconte que, du temps de Néron,

---

(1) Den. d'Hal., 2, 25 (texte grec).

Pomponia Grœcina, femme de Plautius, accusée de superstitions étrangères, fut jugée, *en présence de ses proches*, par son mari, qui décida *de sa vie ou de sa mort*, et la déclara innocente (1).

Il est donc très-certain que les maris, à Rome, avaient le droit de vie et de mort, sur leurs femmes, même après Jésus-Christ (2).

Chez les autres nations barbares, — et à plus forte raison, — ce droit existait, également, dans toute sa plénitude.

Ainsi, chez les Parthes et chez les Arméniens, il y avait une loi formelle qui portait que si quelqu'un tuait *sa femme*, ou *un fils*, ou *une fille*, ou un frère sans enfants, ou une sœur non mariée, il ne pourrait être accusé par personne (3).

Chez les Perses, le pouvoir du chef sur *sa famille* était un pouvoir *tyrannique*, et chez les

---

(1) Isque, prisco instituto, **propinquis coràm**, de **capite** famâ que conjugis cognovit, et insontem nunciavit. (Tac., **Ann.**, liv. 13, § 32).

(2) Ex antiquis Romuli institutis fluxisse ut vir in uxorem, jure potestatis, animadverteret, tanquàm in filium ; imò jus haberet *vitæ et necis,* id que maritale imperium apud Romanos DIUTISSIMÈ post XII tabulas, vignisse, certo certius est.

(Poth., **Fragm. des XII T.)**

(3) Bardesane, cité par Eusèbe, **Prepar. Evang.**, liv. 6, ch. 10.

Gaulois, les maris avaient aussi droit de vie et de mort sur leurs femmes (1).

Le code chinois, qui a été révisé dans les derniers siècles, et qui a déjà subi, sous certains rapports, l'influence des idées européennes, contient encore cette disposition barbare :

« Si une femme, qui a été frappée et injuriée par son mari, se donne la mort de désespoir, le mari n'en sera pas responsable. » (2)

N'est-ce pas encore le droit de vie et de mort, caché sous cette formule, par la perfidie chinoise ?

Nous sortirions des bornes de ce travail, si nous prolongions ces explications.

La vérité est que l'histoire ne nous fait pas connaître un seul peuple où ce droit de vie et de mort n'existait pas.

Nous pouvons dire, en général, que toutes les fois que les femmes avaient été *vendues* à leurs maris, ou qu'elles leur appartenaient à titre de propriété, d'une manière quelconque, les maris avaient le droit de les tuer.

Arrivons au suicide.

---

(1) Jules César, l. 6, *De Bell. Gall.*
(2) *Ta-tsing-leu-lee* (déjà cité).

CHAPITRE IX.

Du droit de vie et de mort sur soi-même.

Si nous pouvions demander aux payens qui vivaient du temps de Jésus-Christ, si, — en thèse générale,—le suicide devait être permis, ils nous feraient tous,— à peu près,— la même réponse :

« Comment, diraient-ils, les lois qui nous permettent de tuer nos esclaves, nos enfants, et jusqu'à nos femmes, c'est-à-dire tous les êtres qui sont en notre puissance, pourraient-elles, *en principe*, nous interdire le droit de nous tuer ?

» Il faudrait, pour cela, que la puissance que nous avons sur ceux qui nous appartiennent, nous ne l'ayons pas sur nous-mêmes.

» Mais nous nous appartenons tellement à nous-mêmes que, d'après les principes du droit des gens, nous pouvons nous *vendre* et transmettre, à celui qui nous achète, le droit de vie et de mort des maîtres sur les esclaves.

» Comment donc, — dans ce système de législation qui admet le droit de vie et de mort sur ceux qui nous appartiennent,—pourrait-on nous refuser, en thèse générale, le droit de disposer de notre propre existence, et de faire acte de souveraineté sur nous-mêmes ?

» Sans doute, ce droit ne saurait être tellement absolu qu'il ne puisse y être, quelquefois, apporté des exceptions.

» Si, par exemple, l'intérêt de l'Etat l'exigeait, les législateurs pourraient le subordonner à certaines conditions, ou même l'interdire complètement ; mais la règle générale, indiquée par la raison et par le droit, doit être la liberté de se tuer, et la défense, doit être l'exception. »

Nous ne voyons pas ce qu'on pourrait répondre à ces raisonnements, *au point de vue des idées payennes ;* et, si la logique peut nous servir de guide pour nous aider à découvrir la route que l'esprit humain a suivie, avant le Christianisme, nous devons déjà comprendre quelles étaient les idées qui avaient prévalu, sur le suicide, chez les peuples anciens.

Nous diviserons ces peuples en trois classes.

Dans la première classe, nous placerons ceux qui avaient admis le suicide, *sans aucune espèce de restriction;* nous placerons dans la seconde, ceux qui, sans interdire d'une manière absolue le suicide, s'étaient efforcés d'en régler l'exercice; enfin, nous plaçons dans la troisième classe les peuples qui avaient, dans certaines circonstances, imposé le suicide comme un devoir.

Occupons-nous, d'abord, des peuples qui avaient admis le suicide sans restriction.

Dans cette classe, nous comprenous les Indiens, les Cantabres, plusieurs autres peuples, la plupart des Grecs, et même les Romains jusqu'à l'époque de l'avènement du Christianisme.

Mais, comme à partir de cette époque, les empereurs romains interdirent le suicide aux accusés, aux condamnés à mort, et aux militaires qui étaient sous les drapeaux, nous exposerons l'état de la législation romaine, en parlant des peuples de la seconde catégorie.

En remontant au XIIIe siècle, avant notre

ère, on trouve, dans les institutions civiles et religieuses des Indiens, un passage à la fois triste et poétique qui, à cause de son importance, doit être cité tout entier.

Le voici :

« Cette demeure dont les os forment la charpente, à laquelle les muscles servent d'attache, enduite de sang et de chair, recouverte de peau, infecte ; qui renferme des excréments et de l'urine, soumise à la vieillesse et aux chagrins, affligé par les maladies, en proie aux souffrances de toute espèce, destinée à périr, — que cette demeure humaine soit abandonnée *avec plaisir,* par celui qui l'occupe. De même qu'un arbre quitte le bord d'une rivière, lorsque le courant l'emporte, de même qu'un oiseau quitte un arbre, suivant *son caprice,* de même celui qui abandonne ce corps par nécessité, OU PAR SA PROPRE VOLONTÉ, est délivré d'un monstre horrible ! » (1)

Les sages de l'Inde avaient interprété ce passage en ce sens que le suicide était, toujours, sinon un devoir impérieux, au moins un acte de sagesse, de courage et de piété, digne de l'admiration des hommes.

Les historiens nous apprennent, en effet,

---

(1) Loi de Manou, traduite du sanscrit par Loiseleur-Deslongchamps, liv. 7, st. 76, 77 et 78.

que les Indiens considéraient la vieillesse ou la maladie comme une chose honteuse, et que, lorsqu'ils étaient vieux ou infirmes, ils avaient coutume de devancer le terme de leur existence, en se précipitant dans les flammes, ou en se retirant dans quelques lieux déserts, pour y mourir.

Selon eux, la mort, quand on l'attendait, était le déshonneur de la vie!

Non seulement ils ne rendaient aucun honneur funèbre aux corps qu'avait détruits la vieillesse, mais ils pensaient que le feu était même souillé, s'il ne recevait pas l'homme vivant encore.

C'est ainsi que l'Indien Calanus, qui avait fait, dit-on, de grands progrès dans la philosophie, et qui était fort estimé d'Alexandre-le-Grand, se fit brûler, dans un des faubourgs de Babylone, sur un bûcher de bois odoriférant, en présence du conquérant et des officiers de sa cour, qu'il avait convoqués pour assister à ce spectacle.

La même chose se passa dans la ville d'Athènes, du temps du roi Porus.

Un de ses ambassadeurs se fit brûler, sur un bûcher, au milieu de la place publique, et Strabon rapporte qu'on grava sur son tombeau cette inscription :

« Ci-git Zarmanus Chégan , Indien de la ville de Bargose , qui s'est immortalisé, *suivant l'antique usage des Indiens.* »

On sait que les femmes de l'Inde allaient , aussi , se brûler sur le bûcher de leurs époux.

Comme les Indiens avaient , généralement , plusieurs femmes , lorsque l'un d'eux devait monter sur le bûcher, ces femmes se rendaient devant le juge , et se disputaient , entre elles , l'avantage d'avoir été la plus chérie de leur époux.

Celle qui l'emportait sur ses rivales courait, joyeusement , se faire consumer par les flammes (1).

On ne trouve rien , dans les lois de Manou , qui oblige, formellement, les femmes à monter sur le bûcher de leurs maris , mais il paraît que plusieurs autres législateurs les engageaient à se brûler, et promettaient le Ciel pour récompense à celles qui se sacrifiaient (2).

Les Cantabres étaient une puissante nation de l'Espagne qui habitait des montagnes inac-

---

(1) Quinte-Curce , liv. 8 , § 9. — Pomponius-Mela, liv. 3, ch. 7. — Diodore de Sicile, liv. 17, § 59. — Strabon, liv. 15, ch. 1, § 45.—Ciceron, *Tusculanes,* liv. V, § 27.—Plutarque, *Vie d'Alexandre.*

(2) Loi de Manou , liv. 5 , st 154 et suiv. — Colebrooke , *digest of Hindu,* t. 2, p. 451.—Remusat, *Mélanges asiatiques,* t. 1, p. 386.

cessibles, vers les côtes de l'Océan, à l'orient des Asturies.

Les Cantabres pensaient, comme les sages Indiens, qu'on ne devait pas attendre les infirmités de la vieillesse, et que, dans ce cas, il était légitime et glorieux de se donner la mort.

Aussitôt qu'ils devenaient vieux, ils montaient sur les plus hauts rochers, et se précipitaient dans les abîmes.

Lorsqu'ils se virent vaincus par les armées d'Auguste, presque tous se donnèrent la mort, à la suite d'un festin, en se perçant avec le fer, en se brûlant vifs, ou en s'empoisonnant avec un poison qu'ils exprimaient avec les fruits de l'if (1).

L'usage de se tuer était aussi en honneur chez les autres peuples, et notamment chez les rois et chez les grands.

Les rois, en général, avaient un esclave de confiance qui portait du poison, qu'ils se réservaient comme une dernière ressource contre les coups de la fortune.

C'est ainsi que chez les Numides, Tite-Live nous montre Massinissa appelant son esclave pour porter le poison à sa femme Sophonisbe,

---

(1) Mirus amor populo, cùm pigra invaluit ætas
Imbelles jamdudùm annos prævertere Saxo.
(Silius-Italicus, *les Puniq.*, liv. 3, v. 238 et 239.)

qu'il ne voulait pas livrer vivante aux Romains (1).

C'est ainsi que Dion-Cassius nous montre Mithridate faisant porter du poison à *ses femmes* et à ses enfants, avalant lui-même le breuvage mortel, et se perçant ensuite la poitrine avec son épée (2).

On sait qu'en Egypte, Cléopâtre avait fait une étude approfondie des poisons.

Elle en faisait fréquemment l'essai sur des prisonniers de guerre condamnés au supplice, et sur des esclaves.

Après avoir fait piquer, par des serpents, un assez grand nombre de ces malheureux, elle avait reconnu que la morsure de l'aspic était la seule qui ne causât ni douleurs ni convulsions.

Ceux qui étaient piqués par des aspics s'assoupissaient, et arrivaient par un affaissement successif de tous les sens à une mort si calme et si douce que, pareils à des personnes profondément endormies, ils se fâchaient quand on voulait les réveiller.

Quand Cléopâtre voulut se suicider avec

---

(1) Fidum è servis vocat sub cujus custodiâ, *regio more,* ad incerta fortunæ, venenum erat.

(Tite-Live, l. 30, § 15.)

(2) Dion-Cassius, l. 37, § 13.

Antoine, elle se fit coucher sur un lit d'or ; elle revêtit ses habits royaux , et entourée de ses femmes, Iras et Charmione , elle expira doucement , au milieu des vapeurs des parfums, après s'être fait mordre au bras par un aspic (1).

Dans les différents Etats de la Grèce , comme dans les Etats voisins , les grands hommes donnaient fréquemment à leurs concitoyens l'exemple des morts volontaires.

Ainsi Lycurgue, qui donna des lois à Sparte, se fit mourir volontairement , en s'abstenant de nourriture.

Thémistocle s'empoisonna à Magnesie ; Démosthènes prit lui-même du poison, dans une île de la mer Egée ; Diogène retint son haleine, en serrant ses lèvres contre ses dents ; Zénon , Cléanthe , et la plupart de leurs disciples, se firent périr volontairement, en s'abstenant de nourriture, ou en prenant du poison.

Démocrite, qui était né tout près de la Macédoine , — en Thrace , — montra encore plus de résolution :

Il avait décidé de se faire mourir, lorsque les fêtes de Cérès arrivèrent. Les femmes de sa maison , qui voulaient célébrer cette fête, le

___

(1) Plutarque, *Vie d'Antoine.* — Florus, liv. 4 , § XI.

prièrent de prolonger sa vie de quelques jours ; il y consentit, et comme il avait déjà cessé de prendre de la nourriture, il fit placer près de lui un pot de miel, dont il respirait de temps en temps les émanations : quand la fête fut finie, il fit enlever le pot, et il mourut (1).

A Rome, du temps de la République, Scipion se perce de son épée, après la bataille de Thapsus.

Caton-le-Jeune s'ouvre les entrailles, déchire de ses mains sa blessure, et meurt entouré de son médecin et de ses enfants.

Brutus appuie, à deux mains, la garde de son épée sur la terre, et se jette sur la pointe avec une telle violence, qu'il traverse sa poitrine d'outre en outre.

Porcie, sa femme, qui était gardée à vue par ses amies, prend dans le feu des charbons ardents, et tient sa bouche si exactement fermée qu'elle est étouffée en un iustant.

Cassius se couvre la tête de sa robe, tend son col nu à son affranchi Pindarus, et se fait trancher la tête.

Atticus, l'ami de Cicéron, se laisse mourir de faim (2).

---

(1) Plutarque, *Vies de Lycurgue et de Thémistocle.*— Athénée, liv. 2, ch. 7.—Diogène de Laerte, *passim.*

(2) Florus, liv. 4, § 2.—Plutarque, *Vie de Caton-le-Jeune*

Combien d'autres ne pourrions-nous pas citer, qui, — montrant le même dédain pour la vie, le même mépris pour la douleur et pour la mort, — commettaient, avec un héroïsme sublime, des crimes qu'ils ne connaissaient pas?... (1)

Mais laissons tous ces grands hommes ou ces femmes illustres des temps anciens, qui se sont suicidés, en emportant, dans leurs tombes, les applaudissements et l'admiration de leurs contemporains, et venons, tout de suite, aux législations qui, — sans interdire le suicide, — avaient tenté de le restreindre ou d'en régler l'exercice.

Dans ce nombre, nous devons mentionner, en première ligne, la législation d'Athènes.

Il y avait, chez les Athéniens, une loi à peu près conçue en ces termes :

« Que celui qui ne veut plus vivre s'adresse aux magistrats, et qu'après en avoir obtenu l'autorisation, il sorte de la vie. » (2)

Pour comprendre quelle était la portée de cette loi, il faut savoir dans quel cas on accordait ou l'on refusait cette autorisation.

---

et *Vie de Brutus.* — Cornelius-Nepos, *Vie d'Atticus.* — Velleïus-Paterculus, **Hist. Rom.**, liv. 2, §§ 26 et 88.

(1) Florus, liv. 4, § 2, et Plutarque, *Vie de Flaminius.*

(2) Qui vivere nolit, magistratui indicato, gratiâque impetratâ, vitâ excidito.   (Libanius, déclam XII.)
Meursius, **Them. Attic.**, liv. 1, ch. 19.

Libanius, fameux sophiste d'Antioche, mais qui avait été élevé à *Athènes*, nous a donné, sur ce point, des renseignements qui paraissent très-exacts. Voici comment il expliquait ce texte :

« Qui que tu sois, disait la loi, à qui la vie est pénible, meurs! Es-tu accablé de maux? bois la ciguë. Es-tu opprimé par l'adversité? va-t-en, et meurs! Que le malheureux expose ses malheurs, et le *sénat* lui donnera le remède, et la mort l'affranchira de ses chagrins. —Montre un corps mutilé, ou quelque maladie incurable, ou tes enfants perdus, ou ta fortune anéantie.... » (1)

On voit, dans Eschine, que ceux qui se suicidaient (sans avoir demandé l'autorisation, ou après que l'autorisation leur avait été refusée), étaient flétris : on leur coupait une des mains qui avait servi à commettre le suicide, et on l'enterrait loin du corps (2).

---

(1) Quisquis es, inquit lex, cui vita gravis es, morere. Malis immergeris? bibe cicutam. Ærumnis oppresseris? abi et morere. Recitet miser ærumnas suas, et remedium det senatus, ac solvetur morte mæror.— Ostende mutilatum corpus, aut morbum aliquem, aut amissos liberos, aut facultates.
(Libanius, déclam. 8 et 10.)
Meursius, *loco cit.*

(2) Si quis semet interfecerit, ejus manum qui id fecit, seorsùm à corpore sepelimus. (Eschine contre Ctésiphon.)
Qui sibi manus intulit, ei manus præciditor, nec eodem tumulo conditor. (Sam. Petit, *L. Attiq.*, liv. 7, tit. 1.)

Mais ceux qui se suicidaient, après en avoir obtenu l'autorisation, recevaient, comme les autres citoyens, les honneurs funèbres, et leur mémoire était honorée.

Que résultait-il, en dernière analyse, d'**une** pareille loi ?

C'est que les Athéniens reconnaissaient eux-mêmes, dans les cas qui devaient se présenter le plus souvent, la *légitimité* du suicide, et qu'en le faisant sanctionner publiquement par l'Aréopage, ils lui donnaient même un certain caractère de grandeur et de dignité.

Il en était à peu près de même chez les Thébains (1).

Cet usage de certaines républiques grecques avait été transporté par les Phocéens d'Ionie à Marseille, que Cicéron appelait, comme l'on sait, l'Athènes des Gaules.

On gardait, dans un dépôt public de cette ville, une potion mêlée de ciguë, et destinée à quiconque justifiait, devant le conseil des six cents, des motifs qui lui faisaient désirer la mort.

Les magistrats marseillais rendaient, dit Valère-Maxime, une espèce de jugement, où présidait une humanité sans faiblesse, et qui

---

(1) Meurs., *Them. Att.*, l. 1, ch. 19.

permettait aux citoyens de mettre fin , *légale-*
ment, soit à l'adversité, soit à la *prospérité* (1).

Il semble, d'après cette dernière expression,
que les autorisations de se tuer étaient encore
plus facilement accordées chez les Marseillais
que chez les Athéniens.

Cet usage s'était, sans doute, répandu dans
d'autres contrées du monde, et , notamment,
dans la grande Grèce et l'Italie.

Suétone nous apprend, en effet, qu'Albutius
Silus, rhéteur illustre, qui avait enseigné la rhé-
torique, à Rome, se trouva, dans sa vieillesse,
affligé par un abcès : il retourna à Novare, sa
patrie, convoqua le peuple, exposa, du haut de
la tribune aux harangues, les motifs qui le déterminaient à mourir, et s'abstint de nourriture (2).

Tout ce qu'on peut dire de ces législations
particulières et de ces exemples, c'est que si
le suicide pouvait être regardé , quelquefois,
comme un acte répréhensible, lorsqu'il était
inspiré par un dégoût de la vie sans fondement,
il pouvait être avoué publiquement, approuvé
par la raison, autorisé par les lois, et considéré
comme honorable, lorsqu'il était inspiré par
des motifs sérieux.

______

(1) Valère-Maxime , liv. 2 , ch. 6.
(2) Suétone, *les Rhét. illust.,* § 6.

Voyons la législation romaine.

L'empereur Adrien avait voulu empêcher le suicide des militaires qui, par leur serment, avaient, en quelque sorte, engagé leur vie envers l'Etat, et avaient cessé de s'appartenir à eux-mêmes.

Il avait décidé que les militaires qui se blesseraient volontairement, ou chercheraient, de toute autre manière, à se donner la mort, seraient punis de la peine capitale, ou licenciés avec ignominie.

Le même empereur avait décidé que le testament des militaires qui se seraient donné la mort, pour éviter un châtiment, serait nul.

Dans l'ordre civil, d'autres constitutions avaient aussi déclaré nuls les testaments de ceux qui aimaient mieux se donner la mort que de subir la peine des crimes dont ils se sentaient coupables, et elles avaient, en outre, prononcé la confiscation de leurs biens (1).

Mais, en dehors de ces exceptions, qui ne s'appliquaient qu'aux militaires, aux accusés ou aux condamnés, il est bien certain que la législation romaine, — même sous les empereurs, et après le Christianisme, — n'a jamais prononcé une peine quelconque contre ceux qui se suicidaient.

_____

(1) Pand., liv. 49, tit. 16, liv. 48, tit. 3 et tit. 21.

Tous les jurisconsultes, tels que Paul, Ulpien, Marcien et Papinien, dont les fragments ont été conservés au Digeste, sont unanimes pour reconnaître ce point.

« — Les testaments de ceux qui se donnent la mort, disait Ulpien, par ennui de la vie, par impatience d'une mauvaise santé, ou par orgueil, comme certains philosophes, ne sont pas nuls. » (1)

« — Les biens de celui qui s'est donné la mort, pour se soustraire à la peine d'un crime, sont dévolus au fisc, disait à son tour le jurisconsulte Paul ; mais s'il se l'est donnée *par ennui de la vie,* ou par *honte de ses dettes,* ou par *impatience de quelque maladie,* ses biens ne sont pas ôtés à ses héritiers. »

Marcien qui cite, dans ce sens, un rescrit de l'empereur Antonin, et le célèbre Papinien, n'ont jamais tenu un autre langage (2).

Ainsi, dans le droit romain, tous les citoyens, hormis le petit nombre de ceux que nous venons

---

(1) Quod si quis, tædio vitæ, vel valetudinis adversæ impatientiâ, vel jactationis, ut quidam philosophi, in eâ causâ sunt ut testamenta eorum valeant. ɛ

(Digest., liv. 48, tit. 3.)

(2) Quod si id tædio vitæ, aut pudore æris alieni, vel valetudinis alicujus impatientiâ, admisit, non inquietabuntur, sed suæ successioni relinquuntur.

(Pand., liv. 48, tit. 21.)

d'indiquer, pouvaient se suicider librement, sans demander l'autorisation à personne, et nous pouvons ajouter que, loin d'être atteints par les lois, ils étaient estimés et cités avec honneur dans l'histoire.

Dans les anciennes comédies latines, on voyait des personnages qui annonçaient, publiquement, que la vie leur était devenue insupportable, et qu'ils allaient s'empoisonner chez un médecin du voisinage (1).

D'autres déclaraient, catégoriquement, qu'ils allaient se tuer, parce qu'ils avaient *droit de vie et de mort sur eux-mêmes* (2).

Bientôt, il ne suffit plus de se percer la poitrine, de se faire ouvrir les veines dans un bain, de se priver de nourriture, ou de s'empoisonner avec des poisons vulgaires : il fallut que le commerce allât chercher, jusqu'aux extrémités de la terre, les poisons les plus rares, pour spéculer sur la passion de la mort.

Cette passion était devenue telle, que du temps de Lucain, c'est-à-dire sous le règne de Néron, on voyait, dans les rues de Rome, des

---

(1) Cur ego vivo ? cur non morior ? quid mi'st in vitâ boni ?
Certum'st, ibo ad medicum, atque ibi me toxico morti
(Plaute, le Marchand, act. 2, sc. 4.) [dabo.
(2) Jus vitæ ac necis meæ penès me est
Regnum deserui libens, regnum vitæ retineo.
(Sénèq., les Phénic., v. 125 et suiv.)

marchands qui vendaient des aspics recueillis dans les sables brûlants de la Lybie, pour ceux qui voulaient se suicider comme Cléopâtre (1)!

Enfin, il y avait d'autres législations qui ne permettaient pas seulement le suicide, mais qui l'imposaient comme un devoir, dans certaines conditions de la vie.

Entre l'Eubée et la Béotie, dans l'Archipel, se trouvait une île qui s'appelait Céos, et qui s'est appelée plus tard Zia.

Il y avait, dans cette île, *une loi* qui ordonnait que lorsque les habitants seraient arrivés à un âge où l'affaiblissement de leur esprit et de leur corps les rendrait incapables de servir utilement la patrie, ils devaient se donner la mort.

Ceux qui devaient se donner la mort, dit Elien, s'invitaient réciproquement, comme pour un festin ou un sacrifice solennel, et, — la tête couronnée de roses, — ils buvaient ensemble la ciguë (2).

Strabon confirme, sur ce point, le témoignage d'Elien.

Il cite ce passage du poète Ménandre : « C'est une belle règle, ô Phanias, que celle des *Céens:*

____

(1) Sed quis erit nobis lucri pudor ? Indè petuntur
   Hùc Lybicæ mortes, *et fecimus aspida mercem!*
                    (Lucain, *Pharsale,* l. 9, v. 708 et suiv.)
(2) *Lex est apud eos,* etc. (Elien, *Hist. var.,* liv. 3, ch. 37.)

—*Qui ne peut vivre bien, doit cesser de mal vivre.* »

Et il ajoute qu'il semblait que, *suivant une de leurs lois,* tout sexagénaire devait terminer ses jours par la ciguë, afin de laisser aux autres citoyens une nourriture suffisante (1).

Valère-Maxime donne, sur cette législation, des renseignements qui diffèrent, un peu, de ceux d'Elien et de Strabon.

Il raconte qu'en se rendant en Asie, avec Sextus-Pompée, il s'était arrêté à Iulis, lorsqu'on vint annoncer qu'une dame de la plus haute distinction, *après avoir rendu compte à ses concitoyens des raisons qu'elle avait de quitter la vie,* avait résolu de s'empoisonner, et désirait pouvoir illustrer sa mort par la présence du fils du grand Pompée.

Sextus se rendit à son invitation, et s'entretint longtemps avec elle.

Elle était couchée sur un lit élégant, jouissait d'une parfaite santé d'esprit et de corps, quoique âgée, et s'occupait, avec sérénité, des préparatifs de la dernière séparation.

Elle exhorta ses enfants à demeurer unis, distribua sa garde-robe, et les objets de son culte domestique, pria Mercure de la conduire

____

(2) Strabon, liv. 10.

paisiblement dans le lieu le plus fortuné des Enfers, et après avoir pris, d'une main ferme, la coupe où se trouvait le poison, elle but avidement (1).

L'auteur de ce récit conclut de ces faits que les habitants d'Iulis, ville de Céos, avaient, en matière de suicide, une coutume qui ressemblait à celle des Marseillais.

Quoiqu'il en soit de cette opinion, et quand même il serait vrai,— contre le témoignage d'Elien, de Ménandre et de Strabon,—qu'à Céos, le suicide n'était qu'une *faculté*, et non une *obligation*, il resterait, au moins, un fait acquis :

Ce fait, c'est que le droit de vie et de mort sur soi-même était admis, en principe, par toutes les législations payennes, et que si le suicide n'était pas commandé, dans certains cas, il n'était jamais interdit, d'une manière complète et absolue, par aucune d'elles.

C'est le point essentiel que nous voulions prouver.

Mais si telle était l'opinion de tous les *législateurs* du monde, avant Jésus-Christ, quelle était donc, à cette époque, l'opinion des *philo-*

____

(1) Valère-Maxime, liv. 2, ch. 6, § 8.— Voir aussi Héraclide de Pont, *De Reb. publ.*, fragm. 9, § 5.

sophes sur cette grande question du droit de vie et de mort, dans la famille, en général?

Que disait l'opinion publique, en cette matière? Supportait-elle, impatiemment, le joug de ces lois barbares? En réclamait-elle, nous ne dirons pas *l'abolition*, mais seulement l'adoucissement? Entrevoyait-elle, au-delà de l'horizon visible, une organisation plus humaine, plus profonde et plus simple tout ensemble, des rapports du chef de la famille avec ses membres?

Que disait-on, en un mot, de cette singulière civilisation qui consistait précisément à proclamer l'impunité du meurtre, quand il était commis sur ceux-là mêmes qui devaient avoir le plus de titres à la protection de leurs meurtriers?...

C'est ce que nous avons hâte de rechercher.

CHAPITRE X.

De l'état de l'opinion chez les payens sur le droit de vie et de mort dans la famille, à l'époque de Jésus-Christ.

Assurément, celui qui tenterait de rabaisser systématiquement le mérite et la gloire des philosophes de l'antiquité payenne, et notamment des Platon, des Aristote et des Cicéron, entreprendrait une tâche aussi injuste qu'insensée.

Leurs noms n'en échapperaient pas moins à l'oubli des siècles, et leurs ouvrages n'en seraient pas moins rangés, par la postérité, au nombre des créations les plus remarquables de l'esprit humain.

Mais ce serait , aussi , bien mal comprendre les intérêts de la science, et disons-le franchement , ce serait servir , bien maladroitement , la cause du progrès , que de chercher à dissimuler les erreurs qu'ils ont commises.

Que faut-il donc faire, quand on veut entreprendre une œuvre utile et sérieuse ?

Il faut les montrer tels qu'ils sont , et les juger, non sur ce qu'on leur fait dire , mais sur ce qu'ils ont dit ; il faut les juger sur les *textes,* et les laisser parler eux-mêmes.

Suivons cette méthode , et interrogeons , d'abord, Socrate.

Dans son traité de la République , Platon fait connaître quelle était l'opinion de ce philosophe sur l'avortement , l'exposition et l'infanticide , ou du moins , il met dans la bouche de Socrate des paroles qui peuvent être considérées comme l'expression de son opinion.

Après avoir dit qu'il fallait rendre les rapports très-fréquents entre les hommes et les femmes d'élite , et très-rares entre les sujets les *moins estimables de l'un et de l'autre sexe,* Socrate s'exprimait en ces termes :

« Il faut élever les enfants des premiers, mais nullement ceux *des seconds ,* si l'on veut avoir *un troupeau* choisi ; quand aux enfants des hommes et des femmes d'élite , ceux qui les recevront, dans le *bercail*, les porteront aux nourrices qui habiteront, en dehors, en quelque partie de la ville ; mais pour les enfants de la seconde catégorie *d'individus*, et même pour ceux des autres *qui seraient mutilés, défectueux ou imparfaits*, il faudra les cacher dans quelqu'endroit secret où il sera impossible de les découvrir. »

Un peu plus loin, il ajoutait :

« Lorsque l'un et l'autre sexe auront passé l'âge de donner des enfants à l'Etat, nous laisserons aux hommes et aux femmes la liberté d'avoir commerce avec qui ils voudront, hormis leurs parents en ligne directe. Nous leur recommandons, surtout, de prendre toutes leurs précautions *pour ne pas amener à l'existence un fœtus quelconque,* s'ils ont eu l'imprudence de le former ; et si leurs précautions étaient trompées, *de l'exposer,* l'Etat ne se chargeant pas de le nourrir. » (1)

Arrêtons-nous, un instant, pour préciser exactement la pensée de Socrate, et prendre acte de ses paroles.

Pour lui, les citoyens de l'Etat qu'il se pro-

---

(1) Deteriorum verò, et si quis ex aliis *mancum* (en grec, *anapéron*), nascetur, in secreto et occulto abscondent.

(Plat., Répub., liv. 5.)

Eusèbe, **Prép. Evang.**, t. 2, p. 354.

pose d'organiser, suivant les règles de la saine raison et de la bonne politique, doivent être gouvernés et administrés comme *un troupeau*.

Pour avoir un bon troupeau, il faut avoir de bons animaux reproducteurs, et pour avoir une nation *bien composée,* il faut faire un choix sévère parmi les hommes et les femmes qui devront donner des enfants, comme parmi les enfants eux-mêmes qui doivent être élevés. Il distingue d'abord les hommes et les femmes en trois classes : la classe des hommes et des femmes *d'élite ;* la classe de ceux qui ne sont pas dans de bonnes conditions physiques pour engendrer, et la classe de ceux qui ont passé l'âge, fixé par le législateur, pour donner des enfants à l'Etat.

Après avoir établi ces distinctions, si contraires au droit naturel, il s'occupe des enfants.

Tous les enfants, *sans exception,* qui naissent mutilés, débiles, ou défectueux, à un titre quelconque, doivent disparaître : il faut les cacher dans quelque lieu secret où ils ne pourront être recueillis, et où, par conséquent, ils devront périr.

Il en sera de même pour ceux qui, quoique bien constitués, sont nés de parents autres que les hommes et les femmes *d'élite.*

Enfin, — et c'est ici où Socrate achève d'exposer toute sa théorie, — il prévoit le cas où les hommes et les femmes qui ont passé l'âge, fixé par le législateur, pour avoir des enfants, veulent avoir, ensemble, des rapports intimes, et il se demande ce qu'il convient de décider.

Il autorise ces rapports, même entre frères et sœurs : il ne les interdit qu'en ligne directe.

Il recommande, ensuite, à ces hommes et à ces femmes d'éviter, autant que possible, d'engendrer : si la génération a lieu, il prescrit de procéder à *l'avortement,* et si l'avortement fait défaut, il ordonne de recourir à l'exposition.

Nous n'avons pas besoin d'insister pour démontrer combien la théorie de Socrate est révoltante ; il nous suffit de constater que, sur tous ces points, il est, à peu près, d'accord avec tous les législateurs du paganisme.

Voyons, maintenant, ce que le philosophe pensait du suicide.

Son opinion nous a été également rapportée par Platon, dans son dialogne du *Phédon.*

Avant de s'engager sur la question de l'immortalité de l'âme, la discussion s'établit entre Socrate et ses amis, sur le point de savoir s'il est permis de se tuer.

Voici le dialogue tout entier :

« — Sur quoi se fonde-t-on, Socrate, dit

Cebès, quand on prétend qu'il n'est pas permis de se donner la mort ? J'ai bien ouï dire à Philolaüs, quand il était parmi nous, et à plusieurs autres encore, qu'il ne convenait pas de faire cela : *cependant je n'ai jamais entendu personne dire quelque chose de clair sur ce point* (1).

» — Il ne faut pas te décourager, dit Socrate, peut-être comprendras-tu bientôt.

» — *Peut-être*, tu trouveras extraordinaire qu'il n'en soit pas de ceci, comme de tout le reste, et qu'il ne puisse jamais arriver pour l'homme des circonstances dans lesquelles il serait meilleur de mourir que de vivre. C'est pourquoi il te paraîtra, *peut-être*, extraordinaire que ceux auxquels il est plus avantageux de mourir ne peuvent pas se rendre ce service à eux-mêmes, mais qu'il faut attendre un bienfaiteur étranger. « *En effet, cela peut paraître déraisonnable, et cependant cela peut n'être pas sans raison.* »

» — Assurément, le langage qu'on nous tient sur ce sujet, dans les mystères, que nous autres hommes nous sommes dans une espèce de prison, dont aucun de nous ne doit se délivrer et s'enfuir, me paraît trop relevé et *difficile à comprendre ;* mais Cebès, voici ce qui me pa-

---

(1) Clarum tamen hâc de re quidquàm nihil ab aliquo unquàm audivi. (**Phédon,** édition de Firmin Didot.)

raît pouvoir être dit justement , c'est que les Dieux prennent soin de nous , et que nous autres hommes , nous sommes une des possessions des Dieux. Est-ce que toi , si quelqu'un de tes esclaves se tuait lui-même, sans que tu lui eusses fait connaître *que tu voulais qu'il mourût,* tu ne te mettrais pas en colère contre lui , et si tu en avais le pouvoir, tu ne le punirais pas ? *Il n'est donc peut-être pas , sous ce point de vue, hors de raison de dire qu'il ne convient pas de se tuer soi-même, avant que le Dieu en ait imposé quelque nécessité, comme celle qu'il nous impose en ce moment.* » (1)

Essayons de résumer, d'une manière laconique et saisissante , toute l'argumentation de Socrate.

Il reconnaît , d'abord, que le motif qu'il va donner *peut paraître déraisonnable ;* il ajoute, ensuite, mais en exprimant un nouveau doute, *qu'il peut, aussi, n'être pas sans raison.*

Selon lui , le motif, qui doit faire interdire le suicide, c'est que les Dieux prennent soin de nous, et que nous sommes *une des possessions des Dieux !*

C'est là,—il faut le reconnaître,— une noble pensée, et qu'on ne saurait trop admirer ; on

____

(1) Platon, *Phédon ,* § 6.

dirait un écho de la doctrine juive, ou un pressentiment d'une des plus grandes et des plus fécondes vérités du Christianisme.

Mais, après avoir rendu à Socrate la justice qui lui est due, il faut bien préciser ce qu'il pense lui-même de cette explication, et dans quelles circonstances il lui paraît qu'il ne convient pas de se tuer.

Il se hâte de dire que, si le motif qu'il donne est vrai, *il n'est peut-être point hors de raison de prétendre qu'il ne faut pas se tuer « avant que le Dieu en ait imposé la nécessité. »*

Quel Dieu ? Comment *le Dieu* parlera-t-il ? Comment fera-t-il connaître cette nécessité ? Il est donc des cas où cette nécessité existe ? Quels sont ces cas ?...

Sur toutes ces questions, Socrate garde un silence complet ; il pose une hypothèse, et dans cette hypothèse, il dit qu'il ne faut pas se tuer, avant qu'il ne soit bien démontré par le Dieu, qu'il est devenu nécessaire de se tuer.

Quel est donc le dernier mot de la pensée de Socrate sur le suicide ?

C'est qu'il peut y avoir des circonstances graves et impérieuses où les hommes les plus sages peuvent se donner volontairement la mort, et qu'en d'autres termes, il y a des cas où le suicide peut être permis et légitime.

Telle est, en effet, dans toute sa clarté et dans toute son exactitude, le résumé de cette théorie, que nous aurons bientôt l'occasion de retrouver dans les ouvrages de Cicéron.

Mais avant de nous occuper de Cicéron, nous allons, d'abord, nous occuper de Platon et d'Aristote.

Quelle était l'opinion personnelle de Platon sur les idées qu'il a mises dans la bouche de Socrate ?

Pensait-il comme le maître dont il avait reçu la doctrine ? Croyait-il qu'il fallait rejeter ou modifier les idées du maître ?

Nous pouvons répondre, avec certitude, que Platon, admettait, sur tous les points, les idées de Socrate.

Pour Platon, le traité de la République, — dans lequel Socrate tenait ce langage, — présentait l'idéal et le type d'un état parfait, et organisé suivant les règles de la raison la plus pure.

Mais il nous a fait, aussi, connaître son opinion particulière, sur les mêmes questions, dans son livre *des Lois*.

Ici, ce n'est plus Socrate qui parle; c'est Platon l'Athénien. Ouvrons donc le dialogue *des Lois*, et lisons :

« De même, dit-il, que le pâtre qui élève

8

des chevaux, ou d'autres animaux semblables, doit épurer ses troupeaux, en séparant les bêtes saines et vigoureuses de celles qui sont faibles et malades , de même le législateur doit aussi épurer un état , en employant , s'il est nécessaire, les *moyens les plus violents :* « car, dit-
» il , en politique comme en médecine , les
» meilleurs remèdes sont les plus douloureux.»

Après avoir exposé ces principes , il dit que la population de l'Etat doit être toujours la même, et pour atteindre ce résultat, il propose, entre autres moyens, non d'interdire le rapprochement des sexes, mais d'interdire *la génération,* quand elle est trop abondante (1).

Il résulte , clairement, de ces passages, que Platon admettait , ici , toutes les théories de Socrate.

Comme Socrate, il comparait un peuple à un troupeau : il voulait qu'on procédât de la même manière à son épuration, en retranchant, sans pitié , les êtres faibles et malades de ceux qui étaient forts et bien portants.

Il ne disait pas , expressément, comme Socrate , qu'il faudrait recourir tantôt à l'avortement, tantôt à l'infanticide, et tantôt à l'exposition ; mais il déclarait — ce qui est bien la

______

(1) Platon , *Lois ,* liv. 5 , p. 272 et 284. Trad. de M. V. Cousin.

même chose — qu'il fallait employer, s'il était nécessaire, *les moyens les plus violents.*

Si, après avoir écrit, dans le *Dialogue de la République,* qu'il fallait détruire tous les enfants mutilés ou débiles, et à plus forte raison, ne pas amener à l'existence un fœtus qu'on ne devait pas engendrer, il avait changé d'avis, dans le *Dialogue des Lois,* qui était l'œuvre de la veillesse, — il est clair qu'il l'aurait dit.

Il n'aurait pas ajouté qu'il fallait « interdire la génération, quand elle était trop abondante, » sans interdire le rapprochement des sexes.

Il est donc hors de doute que le grand Platon était, sur tous ces points importants, en parfaite communion d'idées avec le sage Socrate.

Il pensait encore, comme lui, malgré la diversité des termes, sur la question de suicide.

Voici le texte :

« Quelle peine porterons-nous contre le meurtrier de ce qu'il a de plus proche et de plus cher au monde, je veux dire contre l'homicide de soi-même, qui tranche, malgré la destinée, le fil de ses jours, *quoique l'Etat ne l'ait point condamné à mort, qu'il n'y soit point réduit par quelque malheur affreux et inévitable survenu inopinément, ni par aucun opprobre qu'on ne puisse ni réparer, ni sup-*

porter; mais qui, par une faiblesse et une lâcheté extrême, se condamne lui-même à cette peine qu'il ne mérite pas? Les Dieux seuls savent quelles sont les cérémonies nécessaires pour l'expiation du crime, et la sépulture du coupable » (1).

Il résulte de ces paroles que Platon n'incriminait le suicide que lorsqu'il était inspiré par la *faiblesse* ou par la *lâcheté;* ceux qui étaient frappés de quelque condamnation capitale, ou qui avaient éprouvé de *grands malheurs,* ou qui étaient exposés à de *grands opprobres,* pouvaient, selon lui, se donner la mort volontairement, sans commettre aucune faute et sans encourir aucun blâme.

Il était si loin, dans ces cas, d'interdire le suicide, qu'il allait même jusqu'à le conseiller et à l'encourager.

Ainsi, par exemple, dans ce même livre *des Lois,* il parle des crimes que commettent ceux qui volent les choses *sacrées,* et il indique les moyens qui doivent être mis en œuvre pour échapper à cette tentation.

« Si ces remèdes ne te guérissent pas, dit-il, regarde la mort comme préférable, *et sors de la vie !* » (2).

---

(1) Platon, *Lois,* liv. 9.
(2) Hœc tibi facienti, aut levabitur morbus, aut, si minùs, pulchriorem mortem spectans, *de vitâ decede.*
(Platon, *Lois,* liv. 9, édit, F. Didot, p. 419).

Ce sont, comme on le voit, les mêmes idées que celles que nous avons trouvées dans la législation d'Athènes, d'après les commentaires de Libanius, ou dans le langage de Socrate, d'après le *Phédon*.

Mais c'est, surtout, quand il s'agit du droit de vie et de mort des maîtres sur les esclaves, que les paroles de Platon doivent être rapportées.

Ecoutons-le :

« Quiconque, dit-il, aura tué un esclave, si c'est le sien, en sera quitte *pour se purifier*.

» Si c'est celui d'un autre, et qu'il l'ait tué par colère, il dédommagera le maître au double.

» Si un esclave tue son maître, dans un mouvement de colère, les parents du mort le traiteront *comme ils le jugeront à propos, pourvu qu'ils ne lui laissent pas la vie.*

» Si ce même esclave a tué toute autre personne libre, ses maîtres le livreront aux parents du mort, et ceux-ci *seront obligés de le faire mourir*, mais de *tel genre de mort qu'il leur plaira.*

» Enfin, si un esclave tue une personne libre, *en se défendant contre elle*, il sera puni des mêmes peines que le parricide » (1).

____

(1) Platon, *Lois*, liv. 9.

Résumons bien exactement cette théorie :

Le maître doit toujours avoir le droit de vie et de mort sur son esclave ; s'il le tue, il ne sera ni poursuivi ni condamné ; une simple cérémonie de purification suffira pour le laver de toute espèce de souillure.

Au contraire, si c'est l'esclave qui tue le maître, il ne sera *jamais* permis de faire grâce de la vie à l'esclave ; les parents du meurtrier *devront* le tuer, et ils pourront employer tous les genres de tortures ou de supplices qu'ils voudront, pour le faire mourir.

Il en sera de même pour le cas où un esclave viendrait à tuer un homme libre, qui ne serait pas son maître : il ne sera *jamais* permis de conserver la vie à l'esclave ; mais si les parents du meurtrier voulaient le couper par morceaux, ou le faire disséquer tout vivant, ils seraient impunis.

Enfin, dans aucun cas, un esclave n'aura le droit de légitime défense contre un homme libre, alors même qu'il serait attaqué injustement ; si, *en se défendant*, l'esclave tue l'homme libre, c'est l'esclave qui subira la peine du parricide.

Voilà Platon !

Nous pourrions ajouter que, d'après lui, les parents qui tuent leurs enfants adultes, ou les maris qui tuent leurs femmes , doivent en être quittes pour trois années de bannissement (1).

Mais nous ne nous appesantirons pas sur ces détails , et nous allons , maintenant , nous occuper d'Aristote.

Toutes les idées d'Aristote sur ces matières ont été exposées par lui-même , en quelques lignes qui , pour les générations de son temps , devaient être l'expression des vérités les plus élémentaires , mais qui , pour les générations du nôtre, doivent paraître un singulier outrage à la nature et au bon sens !

Voici ce qu'il disait :

« Il n'y a pas de justice , de droit , de l'esclave au maître , car le serviteur est une partie de son maître , et s'il y a une loi et une justice pour lui, c'est la justice de la famille, la justice qu'on pourrait appeler la justice économique.

» L'être sorti d'un autre être appartient à celui d'où il naît , comme nous appartient une partie de notre corps, une dent, un cheveu , et d'une façon générale, comme une chose quelconque appartient à celui qui la possède. — On comprend, en effet, ajoutait-il, qu'il *n'y a pas d'injustice possible à l'égard de ce qui*

---

(1) Platon, *Lois* , liv. 9.

nous appartient ; or, la propriété d'un homme et son enfant, tant que cet enfant n'a qu'un certain âge et n'est pas séparé de son père, sont comme une partie de lui-même : d'où il suit que le droit du maître et le droit du père ne se confondent pas avec ceux dont nous venons de parler. — La justice qui régit la propriété et les enfants, c'est la justice domestique, qui diffère de la justice politique et civile » (1).

Il nous semble qu'après avoir énoncé ces principes, il peut paraître assez inutile de rechercher si Aristote approuvait ou permettait le droit de vie ou de mort dans la famille, car il est évident qu'il doit être d'accord, sur ce point, avec tous les législateurs que nous avons précédemment étudiés.

Si, cependant, on voulait avoir, en cette matière, des preuves décisives et non des conjectures, il suffirait d'ouvrir son ouvrage sur la Politique.

Voici ce qu'il disait de l'exposition des enfants et de l'infanticide :

« Qu'il y *ait une loi* qui détermine quels sont les enfants qu'il *faudra détruire* ou nourrir, de manière qu'on n'en nourrisse aucun qui

______

(1) Aristote, *la Grande Morale*, liv. 1, ch. 31, § 17. — *Morale à Nicomaque*, liv, 5, ch. 6, § 6. — Liv. 8, ch, 12, § 2.

soit estropié ou *débile*. Il faut, en effet, à cause de la multitude des enfants , détruire un certain nombre de fœtus , à moins que les institutions d'une nation ne s'y opposent » (1).

Ce passage est très utile à méditer , parcequ'il commence à faire comprendre la théorie payenne, que nous ne tarderons pas à éclairer encore d'une plus vive lumière.

Le philosophe déclarait hautement qu'il n'y avait pas de justice de l'esclave au maître , pas plus que de l'enfant au père , tant que l'enfant n'avait qu'un certain âge.

Quel était , selon lui , le motif de ce principe ? C'est que l'esclave et l'enfant *appartenaient* au maître et au père , et qu'il n'est pas possible de faire une injustice à l'égard de ce qui nous appartient.

Quelle était la conséquence de ce principe ? C'est qu'on pouvait disposer d'une manière absolue de la chose qui nous appartenait , sans commettre une injustice , et, par conséquent, qu'un maître ou un père pouvait disposer d'une manière absolue de ses esclaves et de ses enfants.

---

(1) Abolendis autem et alentibus fœtibus esto lex , ut nihil alatur *mancum et debile*. Propter multitudinem autem liberoum , quosdam fœtus abolere oportet, nisi gentis intituta id prohibeant.

Aristote, *Politique,* ch. 16, liv. 16, édit. Firm. Didot.

Mais Aristote ne se bornait pas à reconnaître aux pères le droit de tuer leurs propres enfants quand ils étaient en bas-âge ; il arrivait même, comme les législateurs de l'Inde, de la Grèce et de Rome, — à leur imposer le devoir de les tuer, lorsqu'ils étaient mutilés *ou débiles.*

En d'autres termes, il admettait, comme ces législateurs, non seulement les infanticides *facultatifs,* mais encore les infanticides obligatoires.

Il allait encore plus loin, en matière d'avortement, et sur ce point, il dépassait toutes les législations anciennes.

Voici ce qu'il disait :

« Il faudra fixer aux femmes le nombre des enfants qu'elles devront engendrer. Si elles engendrent au-delà du nombre prescrit, il conviendra de les faire *avorter,* avant que le fœtus ait reçu le sens et la vie ; car, ajoute-t-il, jusqu'où il sera permis d'aller et ce qui ne pourra pas être franchi , sera déterminé par le sens et par la vie » (1).

Ainsi, en matière d'avortement, Aristote ne décidait pas seulement qu'il fallait reconnaître aux femmes le droit de se faire avorter, comme toutes les législations payennes antérieures au

____

(1) Arist., **Polit.,** liv. 7, ch. 14 et 18, édit. F. Didot.

Christianisme l'avaient admis : il *prescrivait de les faire avorter*, si elles engendraient au-delà du terme que le législateur devait fixer, pour conserver toujours le même chiffre de population dans l'Etat.

Seulement, comme il est reconnu, en chirurgie et en médecine, que, lorsque la grossesse est arrivée à un certain degré de développement, l'avortement provoqué est plus dangereux, pour la mère, qu'un accouchement à terme, il admettait une exception :

Il reconnaissait que, lorsque le fœtus avait déjà reçu *le sens et la vie*, il n'était plus possible *d'obliger* les femmes à se faire avorter.

Mais en renonçant, pour ce cas, à l'avortement obligatoire, il laissait subsister le droit de l'avortement volontaire après l'animation du fœtus (1).

La preuve qu'il se préoccupait exclusivement de la conservation de la mère, et non de la conservation de l'enfant dans le sein de la mère, c'est que lorsque cet enfant était né, il prescrivait de le tuer, s'il était seulement *débile*.

Telle était, évidemment la pensée d'Aristote,

---

(1) « Les dangers sont plus grands pour une femme qui avorte, que pour la femme qui accouche, et les avortements sont plus pénibles que les accouchements. »

(Hippocrate, *des Chairs*).

d'après les termes dont il s'est servi dans le texte grec, et qui n'ont pas été littéralement reproduits dans les traductions françaises.

Voyons, maintenant, ce qu'il pensait sur le suicide :

« Fuir la vie pour éviter la pauvreté, l'amour ou quelque maladie, n'est pas, dit-il, d'un homme courageux, mais plutôt d'un lâche, Il est, en effet, d'un esprit pusillanime de fuir les épreuves et les peines : « *Celui qui, poussé par la colère, se donne la mort, le fait contre la droite raison.* » C'est ce que la loi ne permet pas. Cet homme fait donc une injustice. Mais à qui ? Est-ce à la société, et non à lui-même ? C'est par sa volonté qu'il subit cet évènement ; mais personne ne se fait volontairement une injustice : c'est donc parce qu'il fait une injustice à la société, que la société punit et flétrit celui qui se donne la mort (1). »

Pour bien comprendre ce passage, il faut se rappeler qu'Aristote a été, pendant vingt ans, le disciple de Platon à *Athènes,* et que c'était à *Athènes* qu'il avait ouvert, dans les derniers temps de sa vie, sa célèbre école du *Lycée.*

Il est donc certain qu'Aristote a écrit ces

______

(1) Aristote, *Morale à Nicomaque,* liv. 3, ch. 7, et liv. 5, ch. 11, §§ 2 et 3.

lignes sous l'influence des souvenirs de la législation athénienne, et des doctrines de Platon.

Ceci posé, que dit-il?

Il dit, d'abord, que celui qui, poussé par la
colère, se donne la mort, le fait contre la droite
raison, et que *la loi ne le permet pas :* en effet,
on se souvient que, pour avoir le droit de se
suicider, chez les Athéniens, il fallait, *d'après
la loi,* en obtenir l'autorisation.

Ce fait, une fois établi, il se demande pourquoi l'homme qui se suicide, sans en obtenir
l'autorisation, doit être flétri?

Il est admis, dit-il, que cet homme fait une
injustice ; mais à qui? Est-ce à lui-même?
non! — car, c'est par sa volonté qu'il subit
cet événement, et personne ne peut se faire,
volontairement, une injustice à soi-même.

C'est donc à la société!...

Mais si c'est à la société qu'il fait une injustice, il en résulte que la société a le droit de
le flétrir.

Voilà tout le raisonnement d'Aristote.

A quoi donc, en définitive, se réduit ce raisonnement? A justifier la législation d'Athènes!

*Il reconnaît que l'homme qui se tue ne com-
met aucune injustice envers lui-même ;* il ne
semble pas admettre, — comme Socrate, — que
cet homme puisse être coupable envers les

Dieux. Il s'ensuit qu'à ses yeux il n'est coupable qu'envers la société, et que si la société l'absout, le suicide est légitime.

S'il faut en croire plusieurs historiens, il aurait mis sa conduite d'accord avec ses opinions : il se serait empoisonné lui-même à Chalcis, pour empêcher que les Athéniens ne commissent une seconde injustice contre la philosophie, en le condamnant à mort, comme Socrate.

Son opinion sur le suicide était aussi, à peu près, conforme à celle des Stoïciens.

Les Stoïciens pensaient que le sage pouvait raisonnablement sortir de la vie, soit pour le service de sa patrie ou de ses amis, soit lorsqu'il *souffrait de trop vives douleurs*, soit lorsqu'il avait à supporter la mutilation de quelques membres, ou d'incurables maladies (1).

Ainsi, les trois grandes écoles philosophiques de la Grèce, le Portique, le Lycée et l'Académie, qui se partageaient les esprits et régnaient sur les intelligences, s'accordaient, comme tous les législateurs du Paganisme, sur toutes les grandes questions que nous venons

---

(1) Rationaliter aïunt sapientem se educturum ex vitâ, et patriæ et amicorum causâ sive inter acerrimos cùm versetur doloris aculeos, sive membrorum mutilationes, aut incurabiles morbos.

(Diog., *Laert.*, liv. 7, § 131. Zénon).

d'examiner, et elles ne se divisaient que sur d'insignifiantes considérations de formes, ou sur des détails d'un ordre secondaire.

Interrogeons, maintenant, le dernier et, peut-être, le plus grand des philosophes payens antérieurs à Jésus-Christ : nous voulons parler de Cicéron.

Nous attachons une grande importance à Cicéron, parce qu'il est, à nos yeux, *l'homme universel*, tel qu'il l'avait lui-même dépeint dans son traité de *l'Orateur*.

Il avait étudié le droit civil chez Q. Mucius ; il avait eu pour maître le *Stoïcien* Diodote, qui avait passé une partie de sa vie chez lui ; il s'était rendu à Athènes, où il avait eu également pour maître Antiochus, l'un des plus sages et des plus anciens philosophes *de l'Académie* ; il avait suivi les leçons de Démétrius, le Syrien ; il avait parcouru toute l'Asie avec les orateurs les plus célèbres, et, notamment, avec Menippus de Stratonice, Dénis de Magnésie, Eschyle de Cnide, et Xénoclès d'Adramyte ; il était ensuite revenu à Rome, et s'était attaché à Molon qui, pendant la dictature de Sylla, était venu pour traiter avec le Sénat de la récompense due aux Rhodiens (1).

---

(1) Tacite, *des Orateurs*, § 30. — Cicéron, **Dialog. de Brutus**, § § 90 et 91.

Il nous paraît donc que Cicéron peut être considéré comme la dernière et la plus éclatante personnification du génie payen, dans toutes les branches des connaissances humaines, non-seulement pour l'Italie, mais pour tous les peuples du monde antique.

La première question que nous allons nous poser est celle de savoir si, dans un de ses ouvrages quelconques, il a protesté contre le droit de vie et de mort dans la famille?

Parcourons ses Tusculanes, son livre des Devoirs, ses traités sur *les Lois* ou sur la *République*, ses harangues politiques, ses plaidoyers, et demandons-nous s'il a laissé échapper un seul mot d'indignation ou de critique contre le droit de vie et de mort sur les esclaves?

Non!

A-t-il contesté aux pères le droit accordé, par la loi des douze tables, de tuer leurs enfants adultes, ou seulement les enfants qui naissaient mal conformés ou débiles? S'est-il élevé contre l'usage barbare d'exposer les enfants? A-t-il combattu le droit de vie et de mort des maris sur leurs femmes, qui existait encore de son temps?

Non, il n'en a pas dit un mot!

Ce silence serait, déjà, un signe bien grave

de la pensée de Cicéron ; mais poursuivons nos investigations, et, étudions-le, maintenant, sur chaque point, en particulier.

Quelle était son opinion sur le suicide ?

Dans son traité *des Devoirs*, dans son traité *des Bornes des Biens et des Maux*, dans ses *Tusculanes*, dans ses *Discours publics* il fait, sans cesse, l'éloge et l'apologie du suicide.

Dans le traité *des Devoirs*, il dit qu'il est des circonstances où les dispositions naturelles d'un homme lui font un devoir de se donner la mort, et il loue Caton d'avoir voulu mourir plutôt que de consentir à regarder le visage d'un tyran (1).

Dans son traité *des Bornes des Biens et des Maux*, il met ces paroles dans la bouche de Caton :

« A celui dont l'état est plus accompagné des choses conformes à la nature, le devoir est de vivre ; à celui qui en a, ou qui prévoit qu'il lui en surviendra plus de contraires, le *devoir* est de quitter la vie ; d'où il apparaît qu'il est, quelquefois, du devoir du sage de sortir de la vie, lorsqu'il est heureux, et que c'est le fait d'un insensé d'y rester, lorsqu'il est malheu-

____

(1) Catoni moriendum potiùs quàm tyranni vultus adspiciendus fuit.

(Cic., *des Off.*, 1, 31).

reux ; car, *il n'y a ni bien ni mal en tout cela que par rapport à la situation où l'on se trouve, et le sage en est juge compétent.* C'est une matière du ressort de la sagesse , et la raison de demeurer dans la vie , ou d'en sortir , doit se régler sur ce que je viens de dire » (1).

Il place, dans son premier livre des Tusculanes , une espèce de paraphrase de la doctrine de Socrate :

« Caton, dit-il, en quittant la vie, a pu se féliciter d'avoir trouvé un motif pour mourir. Le Dieu qui domine en nous , nous défend de nous en aller sans son ordre ; mais quand ce Dieu lui-même a donné une cause juste, comme il l'a fait autrefois pour Socrate, et maintenant *pour Caton ,* assurément un homme sage doit sortir bien content de ces ténèbres pour allér dans cette lumière. Les lois le défendent. Mais appelé par *le Dieu,* il sortira de la vie, comme s'il était appelé par le magistrat ou par quelque pouvoir légitime » (2).

Il semble que Cicéron, qui s'attachait à faire passer , dans la langue latine, tous les trésors

____

(1) Cic. de finib. bonor. et malor. , liv. 3, §§ 18 et 19.

(2) Sed tanquàm à magistratu aut ab aliquâ potestate legitimâ, sic à deo evocatus, at que excissus, exierit.

(Cic., *Tuscul. ,* liv. 1, § 30).

Voir , dans le même sens , les paroles qu'il met dans la bouche de Scipion, (Cic., *Républ.*—Macrobe, 1, ch. 13).

de la langue grecque, ait voulu traduire, ici, le célèbre passage du Phédon ; mais il est à remarquer qu'il entend la doctrine de Socrate en ce sens, qu'il suffit d'être autorisé *par le Dieu,* c'est-à-dire par la raison, pour que le suicide soit toujours permis.

Si quelque doute pouvait exister, à cet égard, il suffirait de se reporter aux paroles qu'il a écrites dans un des livres suivants du même ouvrage :

« Si, dit-il, les douleurs montent à un tel point de violence et de longueur qu'elles ne soient plus supportables, pourquoi les souffrir ? — La mort n'offre-t-elle pas un port, un asyle éternel *à celui qui ne sentira plus rien ?....* (1)

» Pour moi, — continue-t-il, — je me persuade que, dans la conduite de la vie, nous devons garder cette règle, qui est en usage dans les festins des Grecs : — *Qu'il boive, ou qu'il se retire !* — Et c'est juste. En effet, ou qu'il jouisse avec les autres du plaisir de boire, ou que celui qui est sobre s'en aille, de peur qu'il ne subisse la violence de ceux qui sont

____

(1) Cur feruntur ? quid est, tandem, dii boni, quòd laboremus ? Portus enim præsto est, (quoniàm mors ibidem est), æternum *nihil sentienti* receptaculum.

        (*Tuscul.,* liv. 5, § 40).

échauffés par le vin ; de même, *il faut échapper, en s'en allant, aux injures de la fortune qu'on ne peut supporter !* » (1)

C'est ainsi que, dans son discours pour Cluentius, il dit, en parlant d'Oppianicus, que, — *s'il avait eu quelque peu de courage et de vertu,* — il se serait donné la mort (2).

C'est ainsi encore que, dans son discours au Sénat, après son retour à Rome, il déclare qu'il se serait donné la mort plutôt que de souffrir un exil éternel (3).

Que pensait-il de l'avortement ?

Il a dit que, durant son séjour en Asie, une femme de Milet fut condamnée à mort pour s'être fait avorter par des médicaments, *après avoir accepté de l'argent de certains héritiers subrogés,* et il approuve cette condamnation : « ce fut avec raison, s'écrie-t-il, puisqu'elle avait détruit l'espérance d'un père, le souvenir de son nom, le soutien de sa race, l'héritier de sa maison ! » (4)

Mais il faut bien prendre garde, comme des auteurs l'ont fait remarquer, que c'étaient

---

(1) Sic injurias fortunæ, quas ferre nequeas, defugiendo, relinquas. (*Tuscul.*, liv. 5, § 41).

(2) Cic., pro Cluent., § 61.—*Mortem sibi ipse concisset.*

(3) Morte me ipse, potiùs quam sempiterno dolore multassem. (Cic., post redit ni sem, § 14).

(4) Cic., pro Cluent., § XI.—Digest., 48, tit. 19, Liv. 39.

les conséquences civiles de l'avortement, — et non l'avortement en lui-même, — qui avaient paru, en *Asie*, devoir entraîner cette condamnation.

A l'époque où Cicéron parlait, les lois ne punissaient pas encore ce crime, à Rome, et cette amplification oratoire n'avait pour but que d'exciter l'indignation des juges contre Oppianicus.

Jamais la légitimité de cet acte, lorsqu'il était commis *sans fraude*, par une femme maîtresse de ses droits, ou avec le concours de ceux sous la puissance desquels elle se trouvait, n'a été mise en question par l'orateur romain.

Comment entendait-il régler les rapports des maîtres avec les esclaves?

On sait que la loi de Moïse avait prescrit aux maîtres d'user de leurs esclaves hébreux comme de simples *mercenaires*. Cicéron, reproduisant la même expression, dit : « Ceux-là n'ont pas tort qui ordonnent d'user des esclaves comme de *mercenaires* : il faut exiger leur travail, mais il faut leur donner ce qui est juste » (1).

---

(1) Quibus, non malè præcipiunt qui ità jubent uti, ut *mercenariis :* operam exigendam, justa præbenda....
(Cic., des Off., L. 1e § 13).
Plutarque, *Vie de Cicéron*—Dion-Cassius, L. 37, § 17.

Irons-nous jusqu'à prétendre qu'il faisait allusion à la loi de Moïse ? — Cette hypothèse ne serait pas inadmissible.

Il avouait que les Juifs étaient très nombreux à Rome ; qu'ils étaient très unis , et qu'ils exerçaient une grande influence dans leurs assemblées ; mais , pour ne pas blesser l'orgueil des Romains , il ajoutait qu'il était de la dignité de la République de n'avoir aucune considération pour cette multitude (1).

Il ne serait, certes, pas impossible que, tout en dédaignant officiellement les Juifs , il eût connu leur législation qui , par la traduction grecque des Septante, devait se trouver, alors, dans toutes les mains.

Mais , sans nous engager dans cette discussion, et tout en rendant hommage à ces paroles de Cicéron, s'ensuit-il qu'il ait entendu réprouver le droit de vie et de mort sur les esclaves ?

En aucune façon. — Voici , à cet égard , sa profession de foi :

 « Quant aux personnes qui gouvernent, par autorité , ceux que l'on dompte par la force , elles peuvent, *assurément,* employer *la cruauté,* si on ne peut les tenir autrement : *Tel est*

______

(1) Scis quanta sit manus , quanta concordia, quantùm valeat *illa turba* in concionibus.—Cic., *pro Flacco,* § 28.

le droit des maîtres sur ceux qui leur obéis-
sent ! » (1)

Si cette formule n'est pas assez claire, nous ne savons pas ce qu'il devait dire, pour se faire comprendre.

Quelles que soient les nuances qu'on puisse trouver, pour adoucir la traduction, il reste assez démontré qu'il n'entendait pas restreindre le pouvoir des maîtres, et modifier, au profit des esclaves, le droit qui était établi.

Au surplus, la pensée de Cicéron va se dévoiler encore plus complètement, à nos yeux, quand nous allons l'entendre présenter la loi des XII tables comme l'idéal du droit et de la philosophie.

Ecoutons :

« Qu'on frémisse, si l'on veut, s'écrie-t-il, je dirai ce que je pense : oui, par Hercule, ce petit livre des XII tables me paraît surpasser les bibliothèques de tous les philosophes, et par l'abondance de l'utilité, et par le poids de l'autorité, si l'on veut considérer *les sources et les principes des lois !* » (2)

Est-il possible de dire plus clairement qu'il

---

(1) Sed iis qui vi oppressos imperio coercent, sit sanè adhibenda *sœvitia,* ut heris in famulos.

               (Cic., *de Off.*, L. 2, § 7).

(2) Cic., *de Orat.*, L. 2, *in fine.*

approuve le droit de vie et de mort des maîtres sur les esclaves, des maris sur leurs femmes, et des pères sur leurs enfants, qui était inscrit dans *ce petit livre?*...

Nous connaissons, maintenant, Cicéron.

Montrerons-nous Sénèque approuvant l'usage de tuer les nouveaux-nés *débiles*, et proclamant, dans ses écrits, que c'est, surtout, dans la façon de mourir que nous devons suivre notre fantaisie? (1)

Montrerons-nous Pline-l'Ancien approuvant, non-seulement le suicide, mais l'immolation des victimes humaines, qu'on enterrait encore toutes vivantes, à Rome, (de son temps!) dans le marché aux bœufs? (2)

Montrerons-nous Pline-le-Jeune écrivant à Tiron, à propos du suicide de Corellius Rufus : « *Une haute raison* qui, pour les sages, tient lieu de *nécessité*, l'a poussé à ce dessein? » (3)

Citerons-nous les autres écrivains latins qui ont accepté ou répandu ces idées?

---

(1) Liberos quoque, si debiles, monstrosi que editi sunt, mergimus. Non ira sed *ratio* est à sanis inutilia secernere. —Sénèque, *de Irâ*, liv. 1, § 16. —*Lettres 80 sur le Suicide*, 24, 58 et 70. — *De la vie heureuse*, ch. 20. — Sénèq. le trag., *Agamemnon*.

(2) Nostra œtas vidit. Pline-l'Anc., liv. 28, § 3, et liv. 38, § 2.—Tite-Live, L. 20, § 14, et L. 22, § 57.

(3) Somma *ratio*, qqœ sapientibus pro necessitate est, ad hoc consilium compulit. —(Pline-le-Jeune, liv. 1, lett. 12).

A quoi bon ?

Tous , sur cette question du droit de vie et de mort, en général, pensaient comme Socrate, comme Platon , comme Aristote , comme Cicéron, comme la Loi des XII tables qui, du temps même de Tite-Live, au milieu de l'amas de lois entassées les unes sur les autres , était encore considérée *comme le fondement de tout le droit public et privé* (1).

Quand ils n'ont pas approuvé, ils n'ont rien dit !

Voilà le tableau , — rapidement esquissé , mais exact, — de la philosophie payenne et de l'opinion publique sur le droit de vie et de mort, dans la famille, jusqu'à l'époque de Jésus-Christ, et même jusqu'aux premiers temps de l'ère chrétienne.

Comment cela s'est-il fait ? C'est ce que nous expliquerons dans le chapitre suivant.

---

(1) *Fons omnis publici privati que juris est.*
      (Tit.-Liv., L. 3, § 34).
Valère Maxime, L. 3, ch. 2.

CHAPITRE XI.

De l'origine et du fondement du droit de vie et de mort, dans la famille, sous le Paganisme.

Si l'on ne regarde que la superficie des choses, on doit rester confondu d'étonnement en voyant, pendant quatre mille ans, sur toute la surface du globe, les plus hautes intelligences de la terre tomber d'accord, dans la pratique des affaires comme dans le domaine de la théorie, pour tolérer ou autoriser tous les faits que nous avons rapportés.

Rien n'est, cependant, plus simple et plus facile à expliquer, si nous nous plaçons au point de vue des idées payennes, et nous allons voir , en réfléchissant , que les législateurs et les philosophes qui s'inspiraient de ces idées , ne pouvaient pas aboutir à d'autres conclusions.

Quel était , dans la réalité des choses , le pouvoir du maître sur les esclaves ?

C'était le pouvoir du *propriétaire* sur sa propre chose : en effet , nous l'avons déjà vu , l'esclave n'était , dans les mains du maître , qu'une *chose, une marchandise;* c'était , pour employer l'expression d'Aristote , un instrument animé , de même que l'instrument n'était lui-même qu'un esclave inanimé (1).

Quel était le pouvoir des mères sur leurs enfants , en dehors du mariage , et celui des pères , durant le mariage , *tant que les enfants n'avaient qu'un certain âge?*

C'était, aussi, le pouvoir du *propriétaire* sur sa chose : en effet , dans la théorie payenne , l'être sorti d'un autre être appartenait à celui d'où il naissait , comme une partie intégrante de lui-même , comme un prolongement de sa propre substance , c'est-à-dire comme ses ongles, ses cheveux ou ses dents (2).

Quel était le pouvoir des maris sur leurs femmes ?

---

(1) Aristote, *loc. cit.* — (2) Id.

C'était encore, — hors de très rares exceptions, — le droit du propriétaire : en effet, les maris *achetaient,* généralement, leurs femmes, ou les possédaient, en vertu d'autres conventions, au même titre que leurs enfants et leurs esclaves.

Enfin, quel était le pouvoir des particuliers sur eux-mêmes ?

C'était toujours, — nous ne saurions trop le répéter, le droit d'un véritable *propriétaire* sur la chose qui lui appartient : en effet, ils pouvaient se vendre eux-mêmes, et transmettre, au tiers qui les achetaient, tous les droits attachés à la propriété.

Nous nous sommes déjà expliqués assez longuement sur tous ces points, dans notre première étude, pour qu'il suffise de les énoncer, sans y insister.

Mais, si tout cela est vrai, qu'est-ce que c'est donc que la propriété ?

Considérée à un point de vue général et absolu, la propriété est un droit complexe qui permet au propriétaire non-seulement d'user de la chose qui lui appartient, mais encore de la détruire, de la consommer, de l'anéantir, ou, lorsque cette chose est vivante, de la tuer (1).

---

(1) *Plenam in re potestatem*, Ducourroy *, Instit.*, liv. 2, tit. 1, § XI.—Art. 544, C. N.

En tant que *propriétaires,* et en thèse générale, les maîtres, les pères et mères, les maris
et les particuliers, devaient donc avoir le droit
de détruire ou de tuer ceux qui leur appartenaient, et par conséquent, de se tuer eux-
mêmes, ou de se suicider, quand ils n'appartenaient pas à un autre.

Tout cela était parfaitement logique, rationnel et juste, au point de vue des idées payennes.

En effet, du moment où il était reconnu,
non-seulement par le droit des gens et par le
droit privé, mais encore par la conscience
universelle, que l'homme confondu dans la
classe des animaux ordinaires, ne différait de
ces animaux que par la faculté de la parole et
du raisonnement (1), et pouvait être, au même
titre qu'eux, l'objet d'un droit de propriété,
— il fallait bien aller jusqu'au bout.

Il n'y a pas deux manières d'être propriétaire. On l'est complètement, ou on ne l'est
pas : Pourquoi donc aurait-on établi, pour la
propriété de l'homme sur l'homme, une différence qui n'aurait eu aucune raison d'être?

Sans doute, le droit de propriété pouvait
être restreint dans son exercice, lorsque cet

______

(1) Hoc enim uno prœstamus vel maximè feris, quòd
colloquimur inter nos, et exprimere dicendo sensa possumus.   (Cic., *de Orat.,* liv. 1, § 8).

exercice avait pour résultat de porter préjudice aux droits des tiers.

Mais, comme l'être qui appartient à un autre
n'a plus aucun droit distinct et personnel, comment l'exercice du droit du propriétaire, vis-
à-vis de la personne possédée, aurait-il pu
porter atteinte aux droits de cette dernière?

Il ne peut y avoir,—comme le disait Aristote,
— d'injustice possible à l'égard de ce qui nous
appartient.

Mais si le propriétaire ne pouvait commettre
d'injustice à l'égard des êtres qui lui appartenaient, comment aurait-il pu, en les tuant, se
rendre coupable d'un crime quelconque ?

La consécration du droit de propriété de
l'homme sur l'homme devait donc amener à
faire proclamer l'innocence de tous les genres
d'homicide dans la famille.

Le droit de propriété entraînait le droit de
vie et de mort !

En définitive, si l'on voulait se rendre un
compte exact des choses, il fallait reconnaître
que, dans cet ordre d'idées, il y avait deux
sortes de justice, complètement distinctes et
indépendantes l'une de l'autre :

D'abord, la justice du *propriétaire* dans sa
famille, celle qu'Aristote appelait la justice
économique, et qui ne pouvait avoir d'autres

bornes et d'autres règles que la volonté du propriétaire ; ensuite, la justice de l'Etat ou du Gouvernement, celle qu'Aristote appelait la justice *politique et civile*, et qui ne devait s'inspirer que de la volonté de ceux qui représentaient la société.

Telle était la théorie de l'antiquité payenne, en cette matière.

On comprend, maintenant, comment il s'est fait que les philosophes eux-mêmes se soient trouvés d'accord avec les législateurs.

En approuvant l'infanticide, l'exposition des enfants, l'avortement, le suicide, le droit illimité du meurtre sur les esclaves et sur les femmes, ils n'ont fait qu'énoncer des conséquences qui découlaient d'un principe supérieur : Nous pouvons dire, pour la défense de leur génie, qu'ils ont raisonné comme ils devaient, alors, raisonner.

Maintenant, que nous avons fait comprendre combien leur opinion, qui devait paraître, d'abord, incompréhensible, était simple et rationnelle, en se reportant à l'idée du droit de propriété de l'homme sur l'homme, nous allons aborder l'étude du droit hébraïque.

SECTION DEUXIÈME.

—

DROIT HÉBRAÏQUE.

CHAPITRE Ier

Exposé préliminaire.

Parmi les choses extraordinaires qui frappent l'attention dans l'histoire de Hébreux, — comme, par exemple, leur sortie d'Égypte, — leur passage à travers la mer Rouge, — leur nourriture, avec la manne, pendant quarante ans, dans le désert, — leur dispersion et leur conservation au milieu des peuples, conformément aux prédictions (1), — il en est quelques-unes qui sont encore plus rares, dans l'histoire générale, et sur lesquelles nous devons nous arrêter, un instant, pour faire bien comprendre la portée des changements considérables que nous allons rencontrer.

Nous voulons parler de la fixité de la législation hébraïque, et des moyens employés par Moïse pour assurer sa transmission exacte à travers les siècles.

Les législations qui sont faites en vue des besoins passagers d'une époque, ou appropriées à un état donné de civilisation, sont ordinairement des œuvres éphémères, et qui durent à peine quelques siècles.

Tantôt elles s'écroulent tout d'un coup, et tantôt elles tombent pièce à pièce, sous l'action insensible du temps, ou par la volonté d'autres législateurs qui substituent des règles nouvelles aux anciennes règles.

Mais la législation de Moïse est encore debout, depuis près de quatre mille ans, aussi majestueuse et aussi intacte qu'aux jours où les Hébreux franchirent le Jourdain, pour s'établir sur les rivages de la Grande Mer.

---

(1) Deuter., IV, 27. — Lévitiq., XXVI, 44, 45. — Disperget te dominus in omnes populos à *summitate terræ usquà ad terminos ejus*, etc... (Deut., XXVIII, 64 et suiv.)

Comment ce phénomène s'est-il produit ?

Nous pourrions dire que cette législation avait été faite en vue des grands évènements qui devaient s'accomplir, un jour, dans la Judée; mais, pour nous placer sur un terrain plus vulgaire, nous nous bornerons à rapporter, simplement, ce que Moïse avait fait.

Le législateur des Hébreux avait dit et répété, à plusieurs reprises, qu'il voulait que son code restât à jamais immuable, et que les Israëlites y restâssent fidèles, jusqu'à l'arrivée d'un prophète que Dieu susciterait, parmi eux, et qu'ils devraient écouter.

Voici ses paroles :

« *Vous n'ajouterez rien aux paroles que je dis, et vous n'en retrancherez rien;* mais vous garderez les commandements du Seigneur votre Dieu, *tels que je vous les annonce.* — Vous les garderez tous les jours de votre vie, *vous, vos enfants et vos petits-enfants ; vous ne vous en écarterez ni à droite ni à gauche,* mais vous marcherez dans la voie que le Seigneur votre Dieu vous a prescrite ;—le Seigneur vous suscitera, du milieu de vous et d'entre vos frères, un prophète semblable à moi, — *ce sera lui que vous écouterez* » (1).

---

(1) Deuter., IV, 2, 40 ; V, 32, 33 ; VI, 12 ; VII, 11 ; VIII, 6, 11 ; VIII, 6, 11 ; XI, 1 ; XII, 32 ; XVIII, 15 et 18.

Après avoir, ainsi, garanti ses textes contre les interprétations ou les modifications que les divers gouvernements qui devaient lui succéder auraient pu y introduire, il s'était occupé de l'instruction publique.

L'instruction la plus indispensable, pour un peuple, c'est celle qui porte sur les lois fondamentales et sur l'histoire de son pays.

Avec les sciences, les lettres et les arts, on peut avoir, sans doute, des savants, des orateurs et des artistes ; mais il y a quelque chose qui vaut encore mieux : c'est d'avoir des citoyens qui connaissent et qui observent, fidèlement, les lois de leur pays.

Pour atteindre ce dernier résultat, Moïse avait voulu que la connaissance de ses lois civiles, politiques, religieuses, et des principaux faits historiques qui se rattachaient aux Hébreux, fût incessamment répandue dans toutes les classes du peuple.

« Les paroles que je vous adresse, avait-il dit, seront dans vos cœurs : vous les raconterez à vos enfants et vous les méditerez, soit que vous soyez assis dans vos maisons, soit que vous soyez en voyage, soit que vous soyez couchés ou debout ; vous les lierez à vos mains, comme le signe de votre engagement ; vous les placerez jusque sur votre front, entre vos yeux, et vous les écrirez sur le seuil et sur les portes de vos maisons » (1).

A côté de cet enseignement, de tous les jours et de tous les instants, qu'il avait établi dans l'intérieur des familles, Moïse avait organisé un vaste système d'instruction nationale publique et gratuite, qui devait être donné, d'une manière périodique et continue, à tous les Hébreux sans distinction d'âge, de sexe ou de condition.

Pour ce second enseignement, il avait réservé un jour sur sept, pendant lequel, ni le père, ni la mère, ni leur fils, ni leur fille, ni les serviteurs, ni les servantes, ni l'étranger qui demeuraient avec eux dans l'intérieur de leurs villes, ni même les bêtes de service, ne pouvaient travailler, sous peine de mort (2).

Durant le septième jour, tous les Hébreux devaient se rassembler, dans leurs synagogues, pour y entendre la lecture de la Loi.

Cette lecture devait être faite par un prêtre, ou par un vieillard, chargé d'expliquer aux auditeurs, partie par partie, tous les textes qu'ils venaient d'entendre (3).

____

(1) Ligabis ea quasi signum in manu tuâ, eruntque et movebuntur inter oculos tuos. — Scribesque in limine et ostiis domûs tuœ.   (Deuter., VI, 6, 7, 8, 9).

(2) Deuter., V, 12, 13, 14, 15.

(3) Fragments de **Philon**, tirés d'Eusèbe. — Prépar., liv. 8, ch. 7. — Et reproduits dans l'édition de Mengey, t. 2, p. 630.

Ontre les jours du Sabbat, qui devaient être, ainsi, consacrés exclusivement au repos, à la glorification de Dieu, et à la méditation des lois nationales, Moïse avait encore établi une espèce de publication officielle et périodique qui devait être faite, *tous les sept ans.*

Pour se rendre compte du caractère de cette mesure, il faut savoir que, chaque année, après les vendanges, les hommes, les femmes, les enfants, les étrangers, qui s'étaient unis aux Israélites, et jusqu'aux esclaves, devaient se rendre, de tous les points de la terre promise, au lieu où était l'arche : une fête, qu'on appelait *la Fête des Tabernacles*, devait être alors célébrée, et cette fête devait durer sept jours (1).

Moïse avait ordonné que, *chaque septième année*, lorsque le peuple tout entier se trouverait ainsi réuni, pour *la Fête des Tabernacles*, le grand sacrificateur, montant sur un lieu élevé, lirait toute la Loi, publiquement, et d'une voix si claire et si haute, que chacun pût l'entendre distinctement (2).

Enfin, Moïse avait ordonné qu'après que les Hébreux auraient passé le Jourdain, un autel

----

(1) Levitiq., 23, 34 et suiv.

(2) Deuter., XXXI, 10, 11, 12, 13. — Josèphe, *Hist. des Juifs*, liv. 4, ch. 8.

de pierres serait élevé sur le mont Hébal , et
que toutes les paroles de la Loi seraient écrites
sur ces pierres.

Tout le peuple devait être rassemblé autour
de cet autel, et partagé en deux parties, moitié
du côté du mont Garizim, et moitié du côté du
mont Hébal ; et, là, après avoir entendu la lecture de la Loi , chacun des assistants devait
jurer qu'il l'exécuterait , *inviolablement*, sans
que ni la parenté , ni la faveur , ni la crainte ,
ni aucune autre considération pût le porter à
la transgresser (1).

Toutes les volontés de Moïse avaient été
exécutées.

Après le passage du Jourdain, un autel avait
été dressé ; la Loi, lue ; le serment, prêté (2).

Tous les jours de Sabbat , les Hébreux se
réunissaient , dans leurs synagogues , pour y
entendre l'explication de la Loi, — qui se pro-
longeait jusqu'à une heure avancée de la
soirée.

La publication avait lieu, tous les sept ans,
à *la Fête des Tabernacles.*

Enfin , les Israélites ne se bornaient pas à

---

(1) Maledictus qui non permanet in sermonibus hujus
Legis , nec eos opere perficit ; et dicet omnis populus :
amen !   (Deuter., XXVII, 4 et suiv.)
(2) Josué, ch. VIII , 30 et suiv.—Josèphe, liv. 4, ch. 8.

écrire leurs lois sur le seuil et sur les jambages
de leurs portes : ils portaient, autour de leurs
fronts et de leurs bras, des bandelettes cou-
vertes des textes du Pantateuque, et rappelant
les principaux devoirs de la vie publique et de
la vie privée.

Ce qui était arrivé, avec ce système d'instruction qui frappait, sans cesse, par les mêmes
mots et par les mêmes idées, les yeux, les
oreilles et les intelligences de tout un peuple,
— on peut, maintenant, l'imaginer.

Il était arrivé que Moïse avait obtenu des
résultats qu'aucun autre législateur, au monde,
n'avait obtenus avant lui, et n'obtiendra, sans
doute, jamais.

Il avait fait un peuple si fortement pénétré
des principes de sa législation civile, politique
et religieuse, qu'un de ses écrivains a pu dire :
« Interrogez celui d'entre nous que vous vou-
drez, il lui sera plus facile de vous faire connaître ses lois, que de vous dire son propre
nom » (1).

Il avait fait un peuple animé d'un patriotisme
si inflexible que, ni l'oppression des monar-
chies de l'Asie, ni les conquêtes sanglantes de

______

(1) Extrait de Josèphe : Eusèbe a tiré ces fragments du
2e liv., Cont. App. On les lit au liv. 8, ch. 8 de la Prép.
Ev.

la Judée, ni les persécutions éprouvées, depuis la ruine de Jérusalem, n'ont jamais pu l'abattre un seul instant.

Enfin, — et ce résultat surpasse tous les autres, — il avait tellement incrusté ses lois dans l'âme et dans le cœur de ce peuple, qu'elles étaient devenues, pour ainsi dire, une partie intégrante de lui-même, et que partout où l'on trouve des Juifs, on est encore sûr de retrouver, aujourd'hui, les lois de Moïse.

Si nous comparons les textes des Ecritures hébraïques, conservés par les Juifs, avec la version grecque des Septante, qui fut faite environ 300 ans avant Jésus-Christ, par des Juifs hellénistes de la Judée ou de l'Egypte, nous serons forcés de reconnaître que depuis 2200 ans, environ, aucune altération sensible n'a été introduite dans les lois de Moïse.

Si nous remontons plus loin, et que nous comparions les textes de l'hébreu ou de la version grecque des Septante, avec les exemplaires du Pantateuque samaritain, dont se servent, encore aujourd'hui, les Juifs schismatiques de Sichem, nous arrivons encore à la même conclusion.

Cette version samaritaine, qui est écrite en caractères antérieurs à la captivité des Juifs à Babylone, est, de l'aveu des érudits et des philologues, identiquement conforme aux versions grecques et latines, qui se trouvent aujourd'hui répandues dans toutes les parties du monde.

Nous pouvons donc dire que nous avons la loi de Moïse, — sauf quelques variantes insignifiantes, — comme elle existait à l'époque où les exemplaires originaux furent remis dans le désert, entre les mains des enfants de Levi et des anciens d'Israël (1).

Bornons, ici, ces explications.

Nous venons de donner, en quelques mots, le secret de diverses particularités historiques, qu'il eût été, sans cela, difficile de comprendre : Maintenant, nous allons exposer, d'une manière générale, ce que le législateur des Hébreux avait décidé sur le droit de vie et de mort dans la famille.

---

(1) Deuter., 31, 9.

« Depuis tant d'années, personne n'a jamais été assez osé pour entreprendre d'en retrancher ou d'y ajouter, ni d'y changer la moindre chose. »

(Josèphe, *C. Appion.*, liv. 1., ch. 2).

CHAPITRE II.

Du droit de vie et de mort dans la famille chez les Hébreux.

Un contemporain de Zoroastre, de Lycurgue ou de Romulus, qui, après avoir visité les différents peuples, pour étudier leurs institutions sur les lieux, aurait pénétré dans un petit coin de terre situé entre le golfe Persique et l'Euphrate, et qui s'appelait autrefois la terre de Chanaan, aurait été bien étonné d'apprendre comment le législateur de cette contrée avait organisé le gouvernement de la famille et le culte de Dieu.

Toutes les notions du juste et de l'injuste

qu'il aurait recueillies, à cet égard, auraient été bouleversées.

En parcourant les villes et les campagnes des douze tribus, il aurait rencontré, comme partout, des maîtres armés d'un pouvoir redoutable sur leurs esclaves, mais il aurait appris que si ses maîtres venaient à tuer volontairement leurs esclaves, ils étaient poursuivis devant les tribunaux, et condamnés à mort, comme s'ils s'étaient rendus coupables d'homicide sur des hommes libres.

Dans les palais des grands, des princes des prêtres, ou chez les hommes du peuple, il aurait rencontré, partout, des pères de famille commandant, avec autorité, à leurs enfants, pendant tout le temps que ceux-ci restaient sous leur puissance ; mais il aurait appris, en même temps, que si ces pères de famille voulaient exercer le droit de vie et de mort sur leurs enfants, ils ne pouvaient le faire *qu'à la condition* d'en référer préalablement à l'autorité judiciaire et de requérir, pour l'exécution, l'assistance du peuple qui pouvait leur être refusée.

Il aurait appris que jamais, en aucun cas, les pères et mères n'avaient le droit de tuer leurs enfants après leur naissance, et que l'infanticide était toujours puni de la peine de mort, comme l'assassinat ou l'homicide volontaire.

En sillonnant, dans tous les sens, les montagnes, les fleuves, les torrents, les lacs ou les routes de cette contrée, jamais il n'aurait été affligé par le spectacle de pauvres enfants nouvellement nés, et qui étaient abandonnés à la mort ou exposés à la pitié des passants ; il aurait appris que l'exposition des enfants était considérée, chez les Hébreux, comme un véritable infanticide.

Il aurait vu, partout, des maris obéis et respectés par des femmes empressées et soumises ; mais, en feuilletant attentivement le livre de la Loi, il n'aurait découvert, nulle part, un texte qui accordât aux maris sur leurs femmes un droit de vie et de mort, que les lois n'avaient pas voulu accorder sur les enfants et sur les esclaves.

Il aurait appris que les maris n'avaient jamais le droit de faire avorter leurs femmes, et que les femmes elles-mêmes qui auraient provoqué leur avortement, par des violences extérieures, par des médicaments et des breuvages, ou de toute autre manière, étaient considérées comme les meurtrières de leurs enfants, et condamnées à la peine capitale.

Il aurait appris que, dans cette contrée, tout individu qui se serait donné volontairement la mort, pour une cause quelconque, était considéré comme n'appartenant plus, en quelque sorte, à l'espèce humaine, et qu'il était défendu de donner à son cadavre les honneurs de la sépulture.

Enfin, et cette dernière remarque aurait, sans doute, mis le comble à son étonnement, il n'aurait rencontré nulle part des idoles aux formes monstrueuses, des statues, des figures, des simulacres, ou des représentations matérielles des divinités que les autres peuples environnaient de leurs adorations superstieuses ; mais il aurait appris que les Hébreux n'adoraient qu'un seul Dieu ; qu'il leur était expressément défendu d'immoler leurs enfants, soit à ce Dieu, soit à des Dieux étrangers, et, qu'en un mot, ce petit coin de terre était le seul point de l'univers *où les sacrifices humains étaient regardés comme des abominations et des impiétés*.

Cette peinture de la civilisation hébraïque soit paraître tellement belle, à côté de la peinture de la civilisation des nations payennes, qu'on pourrait être tenté de nous accuser de lire une œuvre de fantaisie.

Mais nous avons à produire quelque chose de mieux que des récits arrangés avec art.

Nous avons dit que les textes n'avaient subi aucune altération ; voyons donc les textes.

CHAPITRE III.

Etude des textes de l'Ancien Testament sur le droit de vie et de mort dans la famille.

Le premier texte que nous devons faire connaître est celui qui est relatif au droit de vie et de mort des maîtres sur les esclaves.

Il était ainsi conçu :

« Si un homme frappe son esclave avec un bâton, ou celle qui est son esclave, de sorte que l'esclave meure entre ses mains, il sera coupable de crime » (1).

De quel crime ?

______

(1) Qui percusserit servum suum vel ancillam, virgâ, et mortui fuerint in manibus ejus, criminis reus erit.

(Exod., XXI, 20).

Tous les commentaires sont d'accord pour reconnaître que la Loi entendait parler du crime d'homicide, et que, par suite, le maître devait être mis en jugement et condamné à mort (1).

En effet, il existait, dans les lois de Moïse, une autre disposition qui portait qu'on devait punir de mort celui qui avait frappé un homme, en voulant le tuer, sans distinguer si cet homme était libre *ou esclave;* (2)

Et cette disposition était d'autant plus grave que, contrairement à ce qui était admis par plusieurs législations payennes, il était défendu, chez les Hébreux, de recevoir aucun prix de rachat pour délivrer du supplice le meurtrier qui avait été jugé digne de mort.

D'après le droit hébraïque, la terre était souillée par le sang injustement répandu, et ne pouvait plus être purifiée que par l'effusion du sang du meurtrier.

Il résultait de là que le maître qui était condamné pour avoir tué volontairement son

---

(1) Criminis *homicidii,* ac consequenter pœnæ mortis (Cornel. à Lapid. Comment in Exod.—Dom Calmet, *loc. cit.* Selden, de Jure natur. Hœbrœor, liv. 4, ch. 1.

(2) Qui percusserit *hominem,* volens occidere, morte moriatur.

(Ex., XXI, 12).

esclave ne pouvait jamais échapper lui-même à la peine de mort (1).

Sous ce premier point de vue, on ne peut refuser au droit hébraïque une supériorité incontestable sur le droit payen.

La Loi prévoyait une autre hypothèse qu'il faut expliquer.

« Si, disait-elle, l'homme ou la femme esclave, qui ont été frappés, survivent un jour ou deux, il (le maître) ne sera point puni, parce qu'il avait acheté ces esclaves de son argent » (2).

D'abord, il est nécessaire de faire remarquer que la même règle avait été adoptée pour le cas de rixe entre les hommes libres : si la victime n'était pas tuée, sur le coup, et survivait pendant quelques jours, l'auteur des violences n'était pas condamné à mort, et il ne devait payer que les frais de maladie et le montant du préjudice qu'il avait causé (3).

Sans doute, ces dispositions peuvent paraître

______

(1) *Non accipietis pretium ab eo qui reus est sanguinis : statim et ipse morietur.* (Lévitiq., XXIV, 17. — Nomb., XXXV, 31, 32, 33).

(2) *Sin autem uno die vel duobus supervixerint, non subjacebit pœnæ, quia pecuniâ illius est.* (Exod., XXI, 21).

(3) *Si rixati fuerint viri, et percusserit alter proximum suum lapide pel pugno, et ille mortuus non fuerit, et jacuerit in Lectulo... etc... Innocens erit qui percusserit... etc...* (Exod., XXI, 18 et 19).

encore bien rigoureuses , pour nous autres , qui vivons sous l'influence des idées chrétiennes ; mais elles n'en constituaient pas moins, — pour cette époque, — un progrès sensible sur toutes les législations payennes qui avaient admis un droit de vie et de mort illimité et absolu sur les esclaves.

En effet, comme le maître ne pouvait jamais être sûr que des coups violents n'occasionneraient pas des accidents mortels , par suite de quelque cause imprévue , il avait toujours à redouter la peine de mort pour lui-même.

La Loi arrêtait ainsi son bras, dans le premier mouvement de la colère , et prévenait, de cette manière , les homicides qui devaient être les plus fréquents.

Mais ce qu'il est essentiel de bien constater , c'est que, — d'après le paraphraste Jonathan, les Rabbins, et quelques autres,—cette dernière disposition n'était applicable que lorsqu'il s'agissait d'esclaves *étrangers,* sur lesquels, — ainsi que nous l'avons vu, — les Hébreux avaient un droit de propriété *absolu, perpétuel,* et pareil à celui qui existait chez les autres peuples.

Le maître qui avait tué un esclave *hébreu,* sur lequel il n'avait qu'un droit de propriété *incomplet* et *temporaire,* devait donc être traité,

11

sur tous les points, de la même manière que s'il avait tué un homme libre (1).

Nous verrons, plus tard, — dans notre troisième étude, — quelles autres mesures remarquables d'humanité, de prévoyance et de protection, l'Ancien Testament avait encore eu soin de prendre, pour garantir les esclaves, contre les blessures et les mauvais traitements qu'ils pouvaient recevoir de leurs maîtres.

Nous nous bornons à constater, *quant à présent*, que le droit de vie et de mort des maîtres sur les esclaves, n'existait pas, chez les Hébreux, même vis-à-vis *des esclaves étrangers,* au moins d'une manière absolue, et nous allons nous occuper, immédiatement, des droits des pères et mères sur leurs enfants *adultes.*

Nous avons vu que, chez les Payens, les pères et mères pouvaient immoler leurs enfants en l'honneur des Dieux, et que, notamment, chez presque tous les peuples de l'Orient, ils les brûlaient dans des statues érigées en l'honneur de Molock.

L'Ancien Testament avait interdit ces immolations, de la manière la plus formelle, par

____

(1) Dom Calmet, *Comm. sur l'Exode.* XXI.—Qui *servum* occidebat, *reus erat mortis.* (Cornél. à Lap., *Comm. sur l'Exode,* XXI, et Lévit., XXV, 39, 40 et suiv.)

des *textes* qui se trouvaient répétés dans le Lévitique et dans le Deutéronome.

Voici, d'abord, dans quels termes s'exprimait le Lévitique :

« Vous ne donnerez pas de vos enfants pour les consacrer à l'idole Molock, et vous ne polluerez pas le nom de votre Dieu.—Tout homme des enfants d'Israël, ou *des étrangers habitant dans Israël*, qui aura donné de ses enfants à l'idole Molock mourra de mort : *Le peuple du pays le lapidera.* — De mon côté, je tournerai ma face contre lui, et je l'exterminerai du milieu de son peuple, parce qu'il aura donné de ses enfants à Molock, souillant ainsi mon sanctuaire, et profanant mon saint nom.—Que si le peuple du pays, montrant du mépris pour mon commandement, relache cet homme qui a donné de ses enfants à Molock, et ne veuille pas le faire mourir, je tournerai ma face sur cet homme et sur sa famille, et je l'exterminerai du milieu de son peuple, lui, et tous ceux qui ont consenti à ce qu'il fornicât avec Molock » (1).

Les mèmes malédictions étaient répétées, en termes aussi énergiques, dans le *Deutéronome.*

______

(1) Homo de filiis Israël et de advenis qui habitant in Israël, si quis dederit de *semine* suo idolo Molock, morte moriatur, populus terræ *lapidabit* eum. (Lévit., XVIII, 21 ; XX, 1, 2, 3, 4, 5).

Après avoir rappelé que les nations qui habitaient les contrées dont les Hébreux allaient s'emparer, seraient détruites *parce qu'elles commettaient ces impiétés*, le *Deutéronome* disait :

« *Ce n'est pas ainsi que vous agirez vis-à-vis le Seigneur votre Dieu !* Car, toutes les abominations que le Seigneur exècre, elles les ont faites envers leurs Dieux, *en offrant leurs fils et leurs filles, et en les brûlant dans le feu !...*

» *Qu'on ne trouve parmi vous personne qui consacre son fils et sa fille, et les fasse passer par le feu,* car le Seigneur a toutes ces choses en abomination, et c'est parce qu'elles ont commis des crimes de cette nature qu'il détruira ces nations à votre approche ! » (1)

Le sens de ces textes est trop clair pour avoir besoin d'explication.

Il est donc bien certain que l'Ancien Testament avait interdit, aux pères et mères, sous les peines les plus terribles, le droit d'immoler leurs enfants aux Dieux, dans tout le territoire d'Israël, et il faut ajouter que cette défense s'appliquait non-seulement aux *Hébreux*, mais

---

(1) Non facies similiter domino tuo : omnes enim abominationes quas aversatur dominus fecerunt diis suis, offerentes filios et filias, et comburentes igni.

(Deuter., XII, 30, 31 ; XVIII, 10, 12).

encore aux *étrangers* qui habitaient ce territoire.

Il restait à déterminer qu'elle serait l'étendue
du droit de correction domestique qui devait
appartenir aux pères et mères sur leurs enfants
adultes.

Il y a, dans l'historien juif Josèphe, des renseignements curieux sur les remontrances que
les parents devaient faire à leurs enfants, avant
d'user contre eux des pouvoirs qui leur étaient
conférés par les lois (1).

Nous n'entrerons pas dans ces détails, parce
qu'ils seraient trop longs, et nous nous bornerons à citer le texte même de la loi qui fixait
l'étendue de ces pouvoirs.

« Si un homme, dit ce texte, a engendré *un
fils* réfractaire et rebelle, qui n'écoute point
les ordres de son père ou de sa mère, et qui,
ayant été chatié, ait refusé d'obéir, alors le
père et la mère le prendront et le *conduiront*
aux anciens de leur ville, *assemblés à la porte
de ce lieu*, pour y rendre les jugements, et
ils leur diront : voilà notre fils qui est réfractaire et rebelle, et qui refuse d'écouter nos
avertissements ; il se livre à la débauche, à la
luxure et aux festins : alors le peuple de la

---

(1) Joseph, *Histoire des Juifs*, liv. 4, ch. 8.

ville l'accablera de pierres, et il mourra ; afin que vous retranchiez ainsi le mal du milieu de vous, et que tout Israël, apprenant cet exemple, soit saisi de crainte » (1).

Ce texte n'était pas aussi terrible, dans la pratique, qu'il en avait l'air, dans la théorie :— Quelques réflexions suffiront pour le démontrer.

D'abord, en interdisant l'exercice de ce droit, sans examen et sans contrôle, en secret et dans l'intérieur de la famille, comme chez les Payens, la Loi coupait, en partie, le mal par la racine, parce qu'elle retranchait toutes les tentations que la fureur ou la vengeance irréfléchies pouvaient inspirer.

En obligeant les parents à *conduire* leurs enfants jusqu'à l'endroit où siégeraient les tribunaux, c'est-à-dire aux portes des villes (2), la Loi n'ouvrait pas seulement la porte à la réconciliation : elle soumettait les parents à une épreuve cruelle, qui devait répugner à la nature humaine, et n'être acceptée que comme une extrémité très rare dans les habitudes de la vie.

Elle faisait plus :

____

(1) Deuter., 21, 18, 19, 20, 21.

(2) Mos veterum fuit ut seniores in portâ consisterent, et causas introëntium judicarent.　(St. Grég., *Moral.*, 13).

Elle rendait l'abus du droit impossible, en obligeant les parents à révéler aux juges les secrets de leurs dissensions domestiques, à justifier leurs plaintes, et à soumettre leur demande à l'autorité de leurs conseils.

Quels auraient été les parents qui auraient osé persister dans leur colère, si les juges avaient été d'avis de pardonner? Et quels auraient été les hommes qui auraient consenti à lapider l'enfant, s'il avait trouvé grâce devant les juges?

Les commentateurs disent, d'ailleurs, formellement que la lapidation ne pouvait avoir lieu qu'après *l'examen et la sentence du juge* (1).

Ajoutons que ce texte ne conférait aux pères et mères le droit de conduire leurs enfants devant les juges, pour les faire lapider, que vis-à-vis de leurs *fils :* Il ne mentionnait pas les *filles*.

Or, comme il n'était permis de rien ajouter aux Lois de Moïse, surtout en matière pénale, il paraît assez logique de dire que le même droit n'avait pas été accordé vis-à-vis des *filles*.

Quoiqu'il en soit, il reste encore démontré,

---

(1) Videlicet, post examinationem et sententiam judicis. (Cornel, à Lapid., Comm. in Deut., XXI, 21, et Dom.Calmet).

par *les textes*, que le droit de vie et de mort des pères et mères sur les enfants adultes n'existait pas chez les Hébreux, même pour exercer le droit de correction.

Mais c'est, surtout, en matière d'avortement, d'exposition des enfants et d'infanticide, que l'Ancien Testament s'était écarté de toutes les idées reçues chez les autres peuples.

On trouve, dans l'Exode, un texte ainsi conçu :

« Si des hommes se querellent, et que l'un d'eux frappe une femme enceinte, de sorte, *qu'elle avorte,* mais que la femme vive, il sera obligé de payer ce que le mari de la femme voudra, et ce qui aura été décidé par des arbitres; mais s'il y a mort, il rendra vie pour vie » (1).

D'après le texte hébraïque, interprété par la version grecque des Septante, il fallait distinguer le cas où le fruit de la conception était encore informe, et celui où le fœtus était déjà formé, et avait déjà tous les membres disposés en ordre.

Dans le premier cas, la Loi ne punissait l'auteur de l'avortement que d'une simple amende, et, dans le second cas, elle le punissait

____

(1) Exode, XXI, 22, 23.

de mort, parce que l'enfant était déjà considéré comme *un homme*, qui n'attendait plus que le moment prescrit par la nature pour venir à la lumière (1).

Les commentateurs ne sont pas tous d'accord, sur cette interprétation, mais le point important c'est que la Loi *punissait l'avortement*.

Il ne s'agit encore, ici, — comme on le voit, — que d'un avortement provoqué par un tiers, *contre la volonté de la femme;* mais nous voyons déjà que,— contrairement à ce qui était généralement admis, dans le droit payen,—l'enfant, dans le sein de sa mère, était considéré comme ayant une existence distincte et individuelle, et que celui qui le tuait, quand il était déjà formé, était puni comme un *meurtrier*.

Quel était, maintenant, l'état de la législation hébraïque, en matière *d'avortement volontaire?* La femme qui se faisait volontairement avorter était-elle, également, considérée comme la *meurtrière* de son enfant?

Sur ce point, les textes n'étaient pas aussi précis.

---

(1) Quod si formatus membra, et in ordinem digesta, habuerit, moriatur percussor, jâm enim erat homo... etc. Philon, *de spéc. Lég.* — St. Augustin, *Quast in Heptal*, L. 2, 30.—Dom Calmet, *Comm. in Ex.*, XXI.

Toutefois, les Rabbins, dans les synagogues, les docteurs de la Loi et les écrivains israélites avaient tous admis l'affirmative, et voici comment ils y étaient arrivés :

Ceux qui ont lu la Genèse connaissent l'histoire d'Onam qui, après avoir épousé la veuve de son frère, commettait un acte qui porte encore aujourd'hui son nom (1).

La Genèse n'avait dit que quelques mots pour exprimer l'horreur que devait inspirer la conduite d'Onam, et les châtiments qu'elle méritait ; mais ces mots avaient suffi pour éclairer les esprits.

« Dieu le frappa, dit-elle, parce qu'il commettait une action *exécrable !* » (2)

En méditant ces passages, tous les Hébreux avaient compris qu'il était expressément défendu de perdre la semence, et ils avaient reconnu qu'une des règles de leur législation devait être celle-ci :

NE SEMEN DEPERDITO (3).

Cette règle entraînait des conséquences très importantes.

---

(1) Introïens ad uxorem fratris sui, semen fundebat in terram, ne liberi, fratris nomine, nascerentur.
(Génèse, XXXVIII, 9, 10).

(2) Idcirio deus percussit quód rem *detesbabilem* faceret.
(Gén., *loc. cit.*).

(3) Extrait de Philon sur l'Exode, rapporté par Eusèbe, *Prépar. Evang.*, liv. 8, ch. 7.

S'il était défendu de perdre la semence, à plus forte raison devait-il être défendu de la détruire, lorsque, — après avoir reçu la destination qui lui était assignée, par la providence, pour la propagation de l'espèce humaine, — elle commençait à se développer, sous l'influence des lois invariables et mystérieuses qui président à la génération.

Ils étaient donc arrivés, naturellement, de l'interdiction de la perte de la semence à l'interdiction de l'avortement volontaire, soit immédiatement après la conception, soit à une époque quelconque de la gestation.

Mais s'il était interdit de détruire un enfant dans le sein de sa mère, à plus forte raison devait-il être défendu de le détruire après sa naissance, quand il avait déjà pris rang parmi les membres de la société humaine.

Ils étaient donc encore arrivés de l'interdiction de l'avortement volontaire à l'interdiction de l'infanticide et de l'exposition des enfants.

Toutes ces déductions découlaient irrésistiblement les unes des autres, et elles résultaient plutôt de l'application que de l'interpré- des textes.

Nous allons voir, maintenant, les auteurs juifs, qui écrivaient à une époque où le monde payen n'avait pas encore admis ces idées, les développer de la manière la plus nette et la plus catégorique dans leurs ouvrages.

Ouvrons, d'abord, l'historien Flavius Josèphe, qui était né à Jérusalem, de parents de race sacerdotale, et qui, par conséquent, devait connaître parfaitement les lois de son pays.

Voici ce qu'il disait :

« La Loi, dit-il, ordonne que tous les enfants qui sont engendrés soient élevés. Elle défend qu'aucune femme ne rejette ou ne détruise la semence qu'elle a reçue. Si elle fait le contraire, elle doit être considérée *comme meurtrière de ses enfants*, absolument comme si elle avait anéanti la vie d'un fœtus, et empêché la propagation de son espèce » (1).

Cette explication est très précieuse, et inspire véritablement une haute idée de la civilisation des Hébreux.

Ouvrons, maintenant, le philosophe d'Alexandrie, qu'on appelait le *Platon juif*, et qui, né comme Josèphe, dans une famille sacerdotale et illustre, peut nous renseigner, exactement et

---

(1) *Liberorum quidquid susceptum erit, educari lex Jubet.* Vetat ne qua mulier susceptum semen aut ejiciat aut exstinguat : quœ secùs faxit, pro liberorum interfectrice vult videri perindè ac si, re ipsâ, et fœtùs vitam oppresserit, et generis sui propagationem inhibuerit.

(Josèphe contre Appion, liv. 2, § 24).

savamment, sur la portée des textes que nous avons cités.

On voit déjà que nous voulons parler de Philon.

Après avoir dit que la Loi de Moïse défendait l'avortement volontaire, Philon ajoutait :

« *Cette Loi* défend quelque chose de plus grave que l'avortement ; je veux parler de *l'exposition des enfants*, qui, chez beaucoup de nations, à cause de l'inhumanité naturelle, est une impiété vulgaire ; car, s'il faut veiller à ce que les fœtus ne souffrent aucune violence, dans les entrailles de leurs mères, avant le temps fixé pour leur naissance, *à combien plus forte raison, ne doit-on pas conserver ceux qui sont déjà nés*, et qui sont comme de nouveaux colons ajoutés aux autres hommes, afin qu'ils jouissent ensemble des dons de la nature qui proviennent de la terre, de l'eau, de l'air ou du ciel » (1).

On ne peut pas déduire plus logiquement les conséquences des principes posés.

Nous ne pouvons pas transcrire, toute entière, la discussion à laquelle Philon s'est

---

(1) Hœc Lex graviùs quiddam prohibet, *expositionem infantium* quœ, apud multas gentes, proprer nativam inhumanitatem, vulgaris est impietas, etc.

(Philon, *de Leg. spec.*)

livré, sur ce sujet, mais nous allons la résumer en quelques lignes :

Si, disait-il, l'enfant exposé meurt abandonné, c'est un véritable *infanticide;* si, au contraire, il est recueilli par la charité publique, qu'est-ce qu'un pareil bienfait, si ce n'est la condamnation même de ses parents? Combien celui qui inflige à l'auteur de l'avortement la peine de mort, si l'enfant était déjà formé, ne doit-il pas trouver l'exposition plus coupable? Celui qui, malgré son âge, tue un enfant, est, *sans controverse,* un homicide. Il faut donc regarder, comme les plus cruels et les plus inhumains des hommes, ceux qui détruisent des enfants, et c'est avec raison que les lois leur infligent *la peine capitale* (1).

Il faut bien se rappeler que ces paroles ont été écrites par Josèphe et par Philon, à une époque où l'avortement, l'exposition et l'infanticide n'étaient pas encore considérés comme des crimes, par les peuples payens; et, en présence des textes de la Genèse et de l'Exode, on ne pourra pas nier que le droit hébraïque

---

(1) .... Quantò magis expositionem infantiùm innuit qui autori abortùs infligit pœnam capitis, si fœtus jàm formatus erat in utero. — .... *Sine controversiâ* homicida est, qui infantem interimit. .. ideò sœvissimi omnium et inhumanissimi Judicandi sunt qui his struunt perniciem, meritò capitalem daturi Legibus.   (Philon, *de spec. Leg.)*

Conf., Tacite, *Hist.,* L. V., Vespasien.

ait eu l'honneur d'avoir proclamé, le premier, dans ces matières, les vrais principes de la civilisation.

La législation qui déterminait les droits des maris sur leurs femmes ne mérite pas moins d'être remarquée.

Les textes ne prévoyaient que le cas où le mari surprenait sa femme en flagrant délit d'adultère, soit dans la maison conjugale, soit partout ailleurs, mais ils montraient encore plus clairement, quelle avait été la pensée du législateur, et suffisaient pour servir de base à toute une théorie sur le pouvoir marital.

Ce texte était ainsi conçu :

« Si un homme *abuse* de la femme d'un autre, et commet un adultère avec l'épouse de son prochain, que l'homme adultère et la femme adultère soient punis de mort » (1).

Quelle était le genre de cette peine de mort ? — C'était la lapidation.

C'est un fait qui est reconnu par les commentateurs, et qui résulte de la combinaison de quelques autres textes tirés du Deutéronome (2).

____

(1) Levitique, XX, 10.

(2) Statuitur hûc in adulteros pœna mortis, nimirum lapidationis, uti exprimitur Deuter., 22, v. 23 et 24.

(Cornel. à Lap. Comm. in Levit., XX, 10).

Nous en trouvons, d'ailleurs, la preuve formelle dans l'évangile de St. Jean, où nous voyons des Juifs amener à Jésus-Christ une femme adultère :

« Moïse, disaient-ils, nous a ordonné, *dans la loi, de lapider* ces sortes de femmes » (1).

Mais si la peine était *la lapidation*, il s'ensuit que cette peine ne pouvait être prononcée que par les juges, après une instruction préalable, et en suivant les formes régulières de la justice.

Nous voyons, en effet, dans le livre de Daniel, que la chaste Suzanne, qui avait été accusée faussement d'adultère, avait été condamnée à mort par *les anciens et les juges du peuple* (2).

L'auteur juif Philon déclare lui-même que les femmes surprises en adultère devaient être convaincues *par des preuves claires et évidentes* (3).

Que résultait-il de ces dispositions ?

C'est que le législateur des Hébreux avait eu la sagesse d'enlever aux maris le droit de vie et de mort sur leurs femmes, même en flagrant délit d'adultère, et l'avait transféré aux juges, comme il l'avait fait pour le droit de vie et de mort des pères et mères sur leurs enfants.

---

(1) St. Jean, VIII, 4. — (2) Daniel, XIII, 41.
(3) Philon, *de spec Leg.*, 6e et 7e Comm.

Il est certain que l'adultère est la faute la plus grave qu'une femme mariée puisse commettre, puisqu'elle attaque l'institution du mariage dans sa base et dans son essence.

Mais si les maris, chez les Hébreux, n'avaient pas le droit de vie et de mort sur leurs femmes, même *en cas d'adultère,* le législateur aurait-il pu leur accorder ce droit pour des fautes moins graves ?

Non.—Evidemment!—Aussi, Moïse ne l'avait pas fait.

Il reste donc démontré que, tandis que le droit payen accordait aux maris le droit absolu de vie et de mort, sur leurs femmes, — au moins, en cas d'adultère, — le droit hébraïque ne leur avait accordé ce droit, *en aucun cas.*

Nous ferons connaître, dans notre prochaine étude, avec quel esprit de protection, de persuasion, de douceur et d'humanité, les Israélites devaient diriger leurs *femmes* et leurs *enfants ;* mais nous allons nous occuper, immédiatement, des dispositions du droit hébraïque qui concernaient le suicide.

En parcourant, dans la Bible, le Livre des Juges et des Rois, on trouve plusieurs exemples d'Israélites célèbres, qui se suicidèrent.

Ainsi, Abimeleck, ayant reçu au siége de Thébès, un morceau de meule de moulin, qui lui avait été lancé par une femme, du haut d'une tour, se fit achever d'un coup d'épée par un homme qui portait ses armes.

Saül se précipita lui-même sur son épée, et se perça la poitrine.

Le célèbre Samson se fit écraser sous les ruines d'un temple dont il avait renversé les colonnes, et il fut enterré dans le sépulcre de Manné, son père.

Architopel, après avoir mis ordre à ses affaires domestiques, s'étrangla, et fut aussi, dit le texte, *enseveli dans le sépulcre de ses pères.*

Zamri qui, après avoir conspiré contre un des rois d'Israël, monta quelques jours sur le trône, à la place de son maître, se retira dans l'intérieur d'un palais, et se brûla avec les gens de sa maison (1).

Enfin, le vieillard Razias, homme zélé pour le judaïsme, et signalé comme le père du peuple, se perça lui-même d'un coup d'épée.

L'Ecriture ajoute : « *qu'il aima mieux mourir noblement,* que de se voir assujetti aux pécheurs, et de souffrir des outrages indignes de sa naissance » (2).

____

(1) *Juges*, 9, 54.—16, 29.
  Rois, 31, 4.—2, 17, 23, 3, 16, 18.
(2) Eligens nobiliter mori, potiùs quam subditus peccatoribus fieri, etc.   (Macch., XIV, 42).

On pourrait se fonder sur ces exemples , et même sur ces dernières expressions , pour soutenir que le suicide n'était pas interdit chez les Hébreux.

Mais ils ne faut pas perdre de vue les circonstances exceptionnelles dans lesquelles ces évènements auront lieu.

Abimelech était un assassin couvert de crimes, et l'Ecriture, après avoir dit qu'il s'était tué à Thébès, ajoute que Dieu *lui rendit le mal qu'il avait fait*, en tuant ses soixante-dix frères (1).

Samson était prisonnier chez les Philistins qui lui avaient crevé les yeux , et l'avaient employé à tourner la meule dans sa prison , et c'était pour tuer ses ennemis , qu'il avait fait crouler les colonnes d'un temple.

Saül combattait lui-même contre les Philistins ; et prêt de succomber , comme ses fils , il ne se donna la mort que pour ne pas tomber au pouvoir *des incirconcis.*

Architopel s'était révolté , avec Absalon , contre David , et quand l'Ecriture parle du suicide de Zamri , elle ajoute qu'il mourut dans ses péchés , *en faisant le mal devant le Seigneur* (2).

---

(1) Et reddidit ei malum quod focerat... (*Juges*, IX, 56).
(2) *Faciens malum coram domino.* (*Rois* , liv. 3, ch. 16, v. 19).

Énfin Razias, assiégé par les troupes de Nicanor, au milieu de Jérusalem, allait être pris, dans la tour où il combattait, et aurait *entraîné*, par sa soumission, le *découragement* des Juifs.

Tous ces exemples de suicide qui eurent lieu, au milieu des *révoltes et des guerres*, ne prouvent donc pas, comme l'ont pensé quelques écrivains, que le suicide fût permis chez les Hébreux.

Interrogeons plutôt les principes écrits dans la Loi.

L'Ancien Testament avait dit :

TU NE TUERAS PAS ! (1).

Pour faire comprendre pourquoi l'homme ne devait pas tuer, il avait donné une raison, complètement ignorée du monde payen, mais tellement grave et tellement considérable, qu'elle devait frapper de respect et d'épouvante tous les hommes qui, comme les Hébreux, admettaient l'existence d'un Dieu créateur, rémunérateur et vengeur.

Cette raison, c'est que : *l'homme est fait à l'image de Dieu !*

On ne pourrait pas, sans outrager un souverain de la terre, renverser la statue qui reproduit son image ; comment pourrait-on, sans

______

(1) *Non occides.* Exode, XX, 13.

commettre le plus grand des outrages envers le maître de l'univers, détruire son image vivante qu'il a pénétrée de son souffle, et illuminée de son esprit?

L'Ancien Testament avait donc ajouté :

« Celui qui répandra le sang humain, son sang sera répandu, *car l'homme est fait à l'image de Dieu* » (1).

Laissons, un instant, de côté, la peine qui devait être prononcée, sous l'empire de cette législation, contre l'auteur de l'homicide, et portons notre attention sur la raison donnée par Moïse pour interdire ce crime.

S'il était vrai, comme l'affirmait ce législateur, que l'homme fût un être créé à l'image de Dieu, l'homicide n'était pas seulement un attentat contre la vie humaine, —comme le croyaient les Payens,—c'était, en même temps, un attentat contre la majesté de Dieu, et un véritable sacrilége !

L'homicide prenait donc, ainsi, dans les idées hébraïques, un caractère particulier qu'il n'avait pas, chez les autres peuples, et dont il était impossible de ne pas tenir compte.

Demandons-nous maintenant ce que c'est que de se tuer ?

______

(1) Quicumque effuderit humanum fanguinem, fundetur sanguis illius : Ad imaginem quippè Dei, factus est homo.
(Genèse, IX, 6).

Se tuer, c'est tuer un homme ; en d'autres termes, un suicide est un homicide: donc, chez les Hébreux, le suicide n'était pas seulement un homicide, c'était encore un sacrilége !

Si le suicide était un *sacrilége,* il nous paraît impossible de penser que, sous l'empire de la législation hébraïque, il pût jamais être considéré comme une chose licite et indifférente.

La difficulté était de trouver une peine, pour le punir.

On ne pouvait pas appliquer, dans ce cas, la disposition qui porte qu'on doit punir de mort celui qui a tué un homme, puisque nous raisonnons dans l'hypothèse où cet homme s'est déjà tué : il ne restait donc plus d'autre moyen que de priver son corps des honneurs funèbres.

Telle devait être la théorie hébraïque, en matière de suicide ; et, en effet, la lecture des auteurs juifs confirme, de point en point, tous ces raisonnements.

Philon dit que celui qui tue un homme est appelé généralement un *homicide,* mais que, dans la réalité des choses, il est un *sacrilége* et le plus grand des *sacriléges* (1).

---

(1) Qui hominem occidit appellatur **homicida**, sed reverà est **sacrilegus**, et quidem insignis ; quandò nihil est deo tàm simile quàm hoc sigillum, expressum è matrice pulcherrimà, ad exemplar ideœ rationâlis effectum.

(Phil., *de sp. Leg·*)

Josèphe est encore plus explicite :

Dans l'année 69 de l'ère chrétienne , après la prise de Jotapat, par les Romains, il raconte qu'il était parvenu à se sauver dans une caverne, avec un certain nombre de Juifs , et que ses compatriotes proposèrent de se suicider , pour échapper au pouvoir des vainqueurs.

Après avoir exposé tous les arguments qu'il fit valoir pour faire rejeter cette propostion , il s'exprime ainsi :

« *Un pareil acte,* dit-il , *est en horreur à Dieu, et une peine a été établie, pour le punir, par notre très sage législateur :* — En effet, il a été ordonné, chez nous , que les corps de ceux qui se donnent volontairement la mort fûssent jetés , sans sépulture , après le coucher du soleil, quoique nous pensions qu'il soit permis d'ensevelir nos ennemis » (1).

Nous pouvons donc encore dire, avec certitude , que le suicide était toujours considéré , chez les Hébreux, comme un crime, punissable devant Dieu et devant les hommes.

Nous ne rappellerons pas qu'au milieu du

---

(1) Huic deo invisum hoc est, et à sapientissimo legislatore pœna ei statuitur. Apud nos , quidem, sancitum est, ut qui ipsos occiderent, ad solis occasum *insepulti abjiciantur ,* quanquàm et hostes sepelire fas arbitremur. »

(Josèphe, *de Bell. Judaic.,* 3, 25).

polythéisme et de l'idolâtrie, qui régnaient sur la terre, l'Ancien Testament est le seul qui ait proclamé l'unité de Dieu;

Nous ne rappellerons pas qu'il est le seul qui ait défendu de faire des idoles; de dresser, pour leur rendre un culte, des images taillées dans des pierres ou des monuments; de couler, en fonte, des figures d'or ou d'argent représentant des hommes, des femmes ou des animaux; d'adorer les astres ou les autres objets de la création (1);

Nous ne rappellerons pas qu'à la place des victimes humaines, il n'avait permis d'immoler, sur les autels, que des bœufs ou des béliers, des agneaux ou des chèvres, des colombes ou des tourterelles;

Nous voudrions pouvoir donner à ces questions tous les développements qu'elles méritent, mais elles nous écarteraient, trop loin, du but que nous poursuivons.

Comparons plutôt, par un rapide coup-d'œil, les principes des législations et des philosophies du paganisme avec les principes de l'Ancien Testament, que nous venons d'exposer.

______

(1) Exode, XX, 23, 24, 25.—Deut., IV, 16, 17.—V, 7, 8, 9.—VI, 4.—XIII et suiv.—XVI, 22.—XVIII, 3, 4 et suiv.—XXIX, 17.

Quelle supériorité du droit hébraïque sur le droit payen !

Quelle profondeur dans les conceptions ! quelle sagesse, — au moins relative, — dans l'organisation du gouvernement de la famille ! quel lien puissant établi entre Dieu et l'homme ! quel respect de la vie humaine,—jusque dans le germe ou dans la semence !

Certes, le moment n'est pas encore venu de montrer toute l'utilité qu'on pourrait retirer de l'étude de ce droit sur certaines questions qui intéressent la civilisation moderne.

Mais, — en présence des textes que nous avons cités, — ne nous est-il pas déjà permis de dire que cette vieille et vénérable législation, qui n'est point encore réduite à l'état de lettre morte, par des millions de Juifs répandus dans le monde, mériterait, sous plus d'un rapport, de devenir l'objet des méditations des esprits sérieux ?

Nous le pensons.

Moïse disait aux Juifs :

« Observez et remplissez ces choses, parce que c'est par là que vous ferez éclater votre sagesse et votre prudence aux yeux des peuples, afin qu'en entendant parler de toutes ces lois, ils s'écrient : voilà vraiment un peuple sage et intelligent, *une grande nation !*

» Quelle est, en effet, la nation célèbre qui ait ces cérémonies, cette justice et cet ensemble de lois, que je mets aujourd'hui sous vos yeux ? » (1)

Tous ceux qui voudront méditer ces textes de la législation des Hébreux commenceront peut-être à penser, aussi, que Moïse pouvait bien avoir raison.

Mais pourquoi cette législation était-elle arrivée à proclamer des principes si différents de ceux qui avaient été adoptés par le paganisme, en matière du droit de vie et de mort, dans la famille ?

C'est ce qu'il nous reste à expliquer.

____

(1) Deut., IV, 6, 8.

CHAPITRE IV.

Des causes de l'abolition du droit de vie et de mort dans la famille, chez les Hébreux.

Nous avons dit, dans notre première étude, qu'avec le système cosmogonique adopté par l'Ancien Testament, un esprit logique ne pouvait plus aboutir à une législation matérialiste, comme celle qui avait été inspirée aux anciens législateurs par les idées de la cosmogonie payenne.

Nous allons trouver, dans ce chapitre, une nouvelle preuve de l'exactitude de cette observation.

Rappelons, d'abord, sommairement, les principes généraux que nous avons précédemment établis, et constatons, d'une manière bien laconique et bien claire, quel était le point de départ de chacun de ces deux systèmes, et les conséquences qui en découlaient nécessairement.

Le droit payen était parti de l'idée que les hommes étaient des êtres originairement sortis des entrailles de la terre, comme les animaux ordinaires, et qu'ils appartenaient à la même catégorie.

Il était donc tout naturel qu'en partant de cette idée, le droit payen reconnût que les hommes pouvaient être domptés par la force, asservis, réduits au pouvoir les uns des autres, et, en mot, devenir l'objet d'un droit de propriété, comme les animaux ordinaires.

Au contraire, le droit hébraïque était parti de l'idée que les hommes étaient des êtres crées et façonnés, par la main de Dieu, et que seuls, dans l'économie de la création terrestre, ils avaient été faits à son image et à sa ressemblance.

Il était donc tout naturel qu'en partant de cette idée, le droit hébraïque eût reconnu que de pareils êtres devaient avoir un droit de domination et de propriété sur *les animaux,* mais ne devaient pas avoir ce droit de domination et de propriété *les uns sur les autres.*

L'Ancien Testament avait donc dit : « que les hommes *dominent* sur les poissons de la mer, sur les oiseaux du ciel, sur toute la terre, et sur tous les reptiles qui rampent sur la terre » (1).

Mais loin de déléguer aux hommes un pareil droit de *domination* les uns sur les autres, il avait supprimé, par le fait, le droit de propriété de l'homme sur l'homme.

Ainsi, nous avons constaté que, chez les Hébreux, le maître ne pouvait exercer qu'un droit temporaire sur son esclave hébreu, et que l'esclavage n'était qu'une espèce de domesticité.

Nous avons constaté que les pères et mères ne pouvaient vendre leurs enfants que jusqu'à un certain âge, pour un temps limité, et avec les mêmes restrictions qui leur étaient imposées pour se vendre eux-mêmes;

Enfin, nous avons constaté que les maris ne pouvaient pas vendre leurs femmes, comme chez les autres peuples, et que les particuliers, qui avaient été forcés de se vendre, pouvaient être rachetés par tous les membres de leur famille.

---

(1) Genèse, 1, 26.

Nous avons cité tous *ces textes*, dans notre première étude, et donné, sur cette partie si remarquable et si peu connue de la législation hébraïque, des éclaircissements que nous ne pouvons plus répéter (1).

Que résultait-il de ces prémisses?

C'est que le droit hébraïque ne pouvait plus accorder aux maîtres, aux pères et mères, aux maris et aux simples particuliers, *en tant que propriétaires,* le droit de détruire leurs esclaves, leurs femmes, leurs enfants, et de se détruire eux-mêmes.

L'interdiction du droit de vie et de mort, dans la famille, sous le droit hébraïque, était donc aussi logique et aussi rationnelle que la consécration de ce droit dans les législations du paganisme.

Il ne pouvait pas y avoir, chez les Hébreux, deux espèces de justice: la justice du propriétaire dans la famille, et la justice civile et politique dans l'Etat, comme nous les avons rencontrées dans le système payen.

Il n'y avait plus que la justice civile ou politique, qui était d'autant plus puissante et respectée, qu'elle était considérée comme la justice de Dieu.

____

(1) V. ***Droit payen et Droit chrétien,*** t. 1, p. 77 et suiv.

En un mot, la pensée du paganisme pouvait se formuler de la manière suivante :

« La législation qui doit régir les rapports des hommes entre-eux doit être faite, autant que possible, à l'image du droit naturel qui régit les animaux. »

Au contraire, la pensée du droit hébraïque pouvait se formuler de la manière suivante :

« La législation qui doit régir les rapports des hommes entre-eux, doit être faite, autant que possible, à l'image de la justice de Dieu. »

A mesure que notre travail avancera, nous verrons cette double pensée se manifester dans les détails.

Nous verrons, surtout, avec intérêt et étonnement, la grande pensée du droit hébraïque grandir et se développer, sous l'influence du christianisme, et conduire la raison payenne à des conséquences de plus en plus inattendues.

Il est temps de nous occuper, maintenant, du droit chrétien.

SECTION TROISIÈME.

—

DROIT CHRÉTIEN.

CHAPITRE Ier

Exposé préliminaire.

Ce n'était pas une petite affaire pour de pauvres ouvriers juifs, sans nom, sans lettres, sans considération, même dans leur patrie, que d'entreprendre la tâche de convertir le monde à leurs idées et d'aller porter, chez les autres peuples, les principes d'un droit nouveau qui devait avoir pour résultat de renverser, directement ou indirectement, toutes les bases de leur droit religieux et de leur droit privé.

Quand, on veut introduire des réformes, — même justes, même nécessaires, — dans de vieilles institutions qui ont, pour elles, le prestige du temps, le dévouement de ceux qui en profitent, et l'aveuglement de ceux qui en souffrent, il faut s'attendre à soulever de furieuses passions, et se résigner, d'avance, à se faire écraser dans la lutte.

Jésus-Christ ne l'avait pas caché à ses apôtres.

Il les avait prévenus qu'ils s'engageraient, au milieu de ces peuples, comme des brebis au milieu des loups ; qu'ils ne seraient pas seulement chassés de toutes les synagogues des Juifs, mais qu'ils seraient livrés par leurs pères et mères, par leurs frères, par leurs parents et par leurs amis ; qu'ils seraient fouettés et traînés devant les tribunaux ; que tout le monde les haïrait à cause de son nom, et qu'après mille persécutions, ils subiraient les derniers supplices (1).

Il avait même prédit, assez clairement, à Pierre qu'il serait crucifié.

« En vérité, en vérité, je te le dis, lorsque tu étais jeune, tu te ceignais toi-même, et tu allais où tu voulais ; mais lorsque tu seras

____

(1) St. Luc, X, 3.—St.-Mathieu, X, 16.

vieux, tu étendras les bras, et un autre te ceindra, et te mènera où tu ne voudras pas » (1).

Ces perspectives n'étaient pas riantes.

Mais le divin Maître leur avait déclaré qu'ils ne devaient pas se mettre en peine de ce qu'ils auraient à dire ; qu'il leur donnerait une bouche et une sagesse à laquelle leurs adversairses ne pourraient pas résister, et que, quand il aurait été élevé en croix, il attirerait tous les hommes à lui.

« Vous aurez bien des afflictions dans le monde, avait-il ajouté, mais ayez confiance, *j'ai vaincu le monde* » (2).

Les apôtres eurent confiance, et ils partirent pour annoncer l'Evangile à tous les peuples.

St. Jacques-le-Majeur, fils de Zebedée et de Salomé, après avoir enseigné la loi nouvelle aux Juifs dispersés, s'établit principalement dans la Judée.

St. Mathias partit pour l'Ethiopie ; St. Judes, pour l'Arabie et l'Idumée ; St. Simon, pour la Perse et la Mésopotamie ; St. Barthélémi, pour la Grande Arménie ; St. Mathieu, pour l'Ethiopie ; St. André, pour la Scythie ; St.

(1) St. Jean, XXI, 18.
(2) Confidite, ego vici mundum ! (St. Jean, XVI, 2, 33).
— St. Luc, XXI, 14, 15.

Philippe, pour la Haute Asie ; St. Thomas, pour les Indes.

Quant à St. Pierre, St. Paul, St. Jean, St. Jacques-le-Mineur et St. Marc, l'évangéliste, ils firent une chose qui n'a peut-être pas été assez remarquée, et qui mérite de l'être, parce qu'elle montre, peut-être, avec un plus vif éclat, la puissance de conviction et l'ardeur de prosélytisme, dont ils se sentaient animés.

Après avoir prêché l'Evangile, comme les autres apôtres, dans les villes et les campagnes qu'ils traversaient, ils s'arrêtèrent, de préférence, dans *les plus grandes capitales du monde payen.*

St. Jacques, fils de Cléophas et de Marie, s'établit à *Jérusalem,* c'est-à-dire au centre du judaïsme, sur le théâtre même des grands événements qui s'étaient accomplis, — sous les yeux des Juifs, — au pied de la croix et du tombeau vide de Jésus-Christ !

St. Pierre s'établit, d'abord, à *Antioche,* capitale de la Syrie, grande ville, — riche et populeuse,—et qui rivalisait, pour la science, avec Rome et Alexandrie (1).

St. Jean fixa principalement sa résidence à

---

(1) Loco nobili, celebri quondàm urbe et copiosâ, atque erudissimis hominibus, liberalissimis que studiis, afluenti. (Cicéron, *pro-archiâ,* § 3).

Ephèse, ville principale de la confédération ïonienne, célèbre par son temple de Diane ; patrie d'Hermodore, d'Héraclite, d'Appelles et de Parrhasius, et qui,—placée à l'embouchure d'un fleuve, dans la mer Egée, attirait chez elle tous les littérateurs, les artistes et les commerçants de l'Asie-Mineure.

St. Paul se rendit à *Thessalonique*, capitale de la Macédoine, sous les Romains ; il parut à Bérée, et de Bérée il arriva jusques dans le cœur de la Grèce, c'est-à-dire dans cette grande ville d'*Athènes*, qui avait entendu les voix immortelles de Socrate, de Platon, de Solon, de Démosthènes, d'Aristote, de Sophocle et d'Euripide ;

Il discuta, hardiment, sur la place publique, avec les philosophes épicuriens et stoïciens ; il parla devant les juges de l'Aréopage ; il visita, tour-à-tour, *Corinthe*, *Ephèse* et *Rome*, et étonna tous ses auditeurs par la sublimité de sa doctrine, et par l'irrésistible vigueur de ses raisonnements (1).

Le chef des apôtres,—l'humble et glorieux pêcheur de Bethsaïde, — après avoir fondé la première église chrétienne à Antioche, vint lui-même à *Rome*, cette terrible place forte de toutes les superstitions et de toutes les splen-

____

(1) *Actes des Apôtres*, XVIII et suiv.

deurs du paganisme, et il osa fonder, — à côté du palais des maîtres du monde, — une nouvelle école de droit, de religion et de morale qui devait bientôt consterner, d'admiration et de terreur, le sénat, l'administration, l'armée, le barreau, et le peuple romain tout entier.

Enfin, St. Marc, — celui que St. Pierre appelait *son fils spirituel*, le rédacteur de l'Evangile qui porte son nom, — chassé de Rome, comme tous les Juifs, par l'empereur Claude, alla s'établir dans la capitale même de l'Egypte, dans la vieille cité d'Alexandre et des Ptolémées, dans l'opulente métropole d'*Alexandrie*, qui était la seconde capitale du monde, après Rome, et dont la bibliothèque et le musée étaient le rendez-vous de tous les savants.

C'est dans le sein de ces *capitales*, que commença, entre le christianisme et le paganisme, la grande et formidable lutte qui continue encore aujourd'hui, sous d'autres noms et sous d'autres formes, et qui n'est pas près d'être terminée.

Il arriva bientôt aux apôtres ce que Jésus-Christ leur avait prédit : ils furent haïs, persécutés, traînés devant les tribunaux, fouettés, emprisonnés, brûlés vifs, décapités, ou crucifiés.

Tout le monde connaît le martyre de ces hommes, — si grands et si simples, — auxquels la vénération publique a dressé, partout, des statues, parcequ'à la place d'un système général de gouvernement fondé sur la *force brutale*, ils ont donné le modèle d'un système de gouvernement fondé sur le respect de la dignité de l'homme, sur le dévouement et sur l'amour;

Mais ce qu'on ne sait pas également, — et ce que nous devons bien démontrer, — c'est que ce fut, par l'enseignement des apôtres, que les Payens eurent connaissance des véritables principes qui devaient amener l'abolition du droit de vie et de mort dans la famille.

CHAPITRE II.

De l'enseignement des apôtres chez les Payens, sur le droit de vie et de mort, dans la famille.

Prenons les apôtres au moment où, — après avoir entendu ces paroles de Jésus-Christ : « Allez-vous-en partout l'univers, et prêchez l'Evangile à toute créature, » (1) — ils partirent, pour visiter les peuples de l'Afrique, de l'Asie et de l'Europe, et remplir leur divine mission.

Quel est le spectacle qui dut, alors, se présenter à leurs regards ?

___

(1) *Euntes in mundum universum, prœdicate evangelium omni creaturœ.*   (St. Marc, XVI, 15).

Ils virent, partout, ce que nous avons exposé dans la première partie de ce travail : des maîtres qui se faisaient un jeu de la vie de leurs esclaves ; des pères, qui brûlaient leurs enfants, qui les noyaient, les exposaient, ou les faisaient mourir jusque dans les entrailles de leurs mères ; des maris qui égorgeaient impunément leurs femmes, et des milliers de malheureux qui se suicidaient par dégoût de la vie.

Admettons, un instant, que l'Evangile, dont nous allons parler, ne contînt aucune disposition spéciale, pour interdire ou pour flétrir tous ces actes coupables, et demandons-nous quel langage, ces Juifs partis de la Judée et pénétrés des principes de l'Ancien Testament, durent tenir aux peuples qu'ils étaient chargés d'évangéliser ?

Il est de toute évidence qu'ils durent leur dire ceci :

« Tous ces actes que vous croyez innocents, et que vous laissez complètement impunis, sont interdits formellement par nos lois, *que nous observons déjà depuis plus de quinze siècles*, et que nous croyons avoir été *révélées* par le créateur de l'univers lui-même, à notre législateur Moïse !

» Prenez notre code, que nous vous apportons, ouvrez-le, et lisez :

» Voici le texte qui punit de la peine de mort les maîtres qui tuent leurs esclaves ; — Voici la disposition qui ordonne de faire mourir les pères et mères qui sacrifient leurs enfants aux Dieux, ou qui les tuent, pendant la gestation ou après leur naissance ;—Voici les textes qui interdisent aux maris de tuer leurs femmes, même au cas de flagrant délit d'adultère ; — Voici ceux qui refusent la sépulture aux suicidés.

» Si vous voulez apprendre pourquoi vous n'avez pas le droit de faire ces choses, c'est que notre législateur nous enseigne que vous n'avez pas le droit de *dominer* sur les hommes comme sur les animaux : vous êtes des êtres crées à l'image de Dieu ! »

Voilà très certainement, et en résumé, ce que les apôtres auraient dit aux Payens, s'ils n'avaient eu, pour se guider dans leur enseignement, que les dispositions de la législation hébraïque.

A ce point de vue, il faut déjà reconnaître que, non-seulement la première idée de l'abolition du droit de vie et de mort, dans la famille, appartient, par ordre de priorité, à *l'Ancien Testament*, mais encore que la diffusion de cette idée, parmi les divers peuples du monde payen, est particulièrement l'œuvre des Juifs, qui furent chargés par Jésus-Christ de répandre, sur tous les points de la terre, les lumières de l'Evangile.

Mais l'Evangile n'a-t-il pas fourni aux apôtres d'autres arguments, à l'appui des textes de la loi de Moïse, pour démontrer aux Payens la nécessité de modifier, sous ce rapport, les principes reçus dans leurs législations ?

C'est ce qu'il importe, maintenant, de bien préciser.

Tous ceux qui ont étudié le Nouveau Testament savent que, non-seulement Jésus-Christ n'a pas abrogé les dispositions de *l'Ancien,* qui avait interdit l'exercice du droit de vie et de mort dans la famille, mais qu'au contraire il les a développées et perfectionnées, et qu'il s'est expliqué d'une manière très nette, sur tous les points qui intéressent cette grave question.

Partout, on y rencontre les admirables paroles qu'il avait gravées dans le souvenir de ses apôtres, et qui durent donner une force invincible à leurs raisonnements.

Citons seulement quelques-uns des textes.

L'évangéliste St. Jean rapporte que Jésus-Christ, en parlant à la Samaritaine, près du puits de Jacob, lui avait dit ces paroles :

« Femme, crois-moi, le temps vient que

vous n'adorerez plus le Père, ni sur cette montagne, ni à Jérusalem...

» Le temps vient, et il est déjà venu que les vrais adorateurs adoreront le Père *en esprit et en vérité ;* car le Père demande de tels adorateurs.

» Dieu est esprit, et il faut que ceux qui l'adorent, *l'adorent en esprit et en vérité* » (1).

Jamais la philosophie humaine n'avait encore donné une formule aussi haute et aussi pure sur la manière d'adorer Dieu, et nous pouvons ajouter qu'elle n'en trouvera jamais une autre qui puisse non pas la surpasser, mais l'égaler.

Cette formule n'était offensante ni pour le paganisme, ni pour le judaïsme ; et, pourtant, dans sa concision et dans sa simplicité, elle exprimait nettement tout ce que Jésus-Christ avait voulu faire comprendre.

Il est clair que Jésus-Christ n'avait pas voulu dire qu'il ne fallait pas rendre à Dieu un culte extérieur, car se sont précisément ses apôtres qui ont établi les évêques, les prêtres et les églises, pour rendre un culte à Dieu, et pour prier en commun.

Mais il avait voulu dire que les hommes ne

______

(1) Spiritus est deus ; et eos qui adorant eum, in spiritu et veritate oportet adorare. (St. Jean, IV, 24).

devaient plus rendre à Dieu qu'un culte spirituel, pur, exempt de cérémonies charnelles, affranchi des holocaustes, des oblations et du sang des victimes (1).

Quelle force les apôtres ne durent-ils pas trouver, dans ces paroles, pour recommander aux Payens l'abolition de tous ces sacrifices sanglants ou non sanglants qui ne s'accordaient plus avec les idées nouvelles que Jésus-Christ avait répandues ?

Jamais commentaire de ces paroles, plus profond et plus lumineux, ne pouvait être donné au monde, que celui qui a été écrit par St. Paul, pour les Hébreux.

Les viandes, disait-il, les breuvages, les ablutions, le sang des taureaux et des boucs, des agneaux et des genisses, n'ont été imposés que jusqu'au *temps où tout cela devait être réformé.*

Aujourd'hui, c'est le sang du Christ qui purifie les consciences pour servir le Dieu vivant.

« Puis donc, mes frères, ajoutait-il, que nous avons, par le sang de Jésus, la liberté

---

(1) I. Rois, XV, 22. — Ecclés., IV, 17.—Isaïe, 1, 11, 13. —Quia misericordiam volui, et non sacrificium, et *scientiam dei, plusquàm holocausta!* Osée, VI, 6.—Jérémie, VI, 20.— Amos, V. 21, 22.

d'entrer dans les lieux saints, approchons-nous de lui avec un *cœur sincère*, avec une confiance pleine et parfaite, ayant le cœur purifié des souillures d'une mauvaise conscience ! » (1)

C'est dans le même sens qu'il écrivait aux Romains :

« Je vous prie, mes frères, par la miséricorde de Dieu, afin que vous offriez *vos corps*, comme une hostie *vivante*, sainte, agréable à Dieu, et que votre culte soit raisonnable ! » (2)

Combien un pareil langage, — que nous ne pouvons développer, — est digne de l'idée que les hommes doivent se faire de la grandeur de Dieu !

Il nous suffira de faire remarquer que, s'il paraît aujourd'ui parfaitement juste, il devait être considéré, à cette époque, comme très dangereux, parce qu'il avait pour résultat d'abolir l'immolation des victimes aux Dieux, et d'entraîner une révolution complète dans les rites religieux de tous les peuples.

Voyons maintenant ce que Jésus-Christ avait dit sur l'homicide, en général.

L'évangéliste St. Mathieu rappelle qu'une

----

(1) St. Paul, *Epître aux Hébreux*, ch. 9 et 10.
(2) *Rationabile* obsequium vestrum !
        (St. Paul, *Ep. aux Rois*, XII, 1).

grande multitude l'ayant suivi de la Galilée, de la Décapole, de Jérusalem et de la Judée, il monta sur une montagne, et, qu'entre autres choses, il lui adressa ces paroles :

« Vous avez entendu qu'il a été dit aux Anciens : tu ne tueras point ; et celui qui tuera sera punissable par les juges.

» Mais moi, je vous dis, que quiconque se met en colère contre son frère, sera puni par les juges ; et celui qui dira à son frère, *Racha,* sera puni par le conseil ; et celui qui lui dira *Fatue,* sera punissable par la géhenne de feu » (1).

Pour bien comprendre le sens de ces paroles, il est nécessaire d'expliquer, en peu de mots, l'organisation judiciaire des Juifs, au moment où Jésus-Christ parlait ainsi, et la signification des mots *Racha* et *Fatue,* qui se trouvent dans le texte.

D'après les docteurs Thalmudistes, il y avait chez les Hébreux, trois espèces de tribunaux :

Le premier, *din Mammona,* qui n'était composé que de trois juges, ne statuait que sur des questions de propriété, ou qui pouvaient se résoudre en indemnités pécuniaires ; le second, *din Mispat,* qui était composé de 23 juges, ne statuait que sur des affaires capi-

____

(1) St. Mathieu, V. 20, 21 et 22.

tales, et, notamment, sur des affaires de meurtre ou d'assassinat, qui pouvaient entraîner la peine de mort ; enfin, le troisième, *Sanedrin,* c'est-à-dire le Sanhedrin, ou le Conseil, qui était composé de 72 juges, ne statuait que sur l'idolâtrie, l'hérésie, l'apostasie, les faux prophètes, et, généralement, sur les affaires qui intéressaient la religion ou le gouvernement.

Racha est un mot hébraïque qui, d'après St. Jérôme, veut dire : *dépourvu d'esprit* (absque cerebro), et *Fatue,* veut dire : fou, insensé.

En élevant la simple *colère* à la hauteur d'un crime punissable par les 23 juges, et en disant que les *injures,* qui sont avec la colère le principe et la racine de l'homicide, sont des crimes de la compétence du *Conseil,* et dignes de la géhenne de feu, Jésus-Christ montrait, clairement, que l'homicide devait entraîner des châtiments encore plus épouvantables, et plus propres à frapper l'imagination.

Aucun législateur et aucun philosophe n'avaient encore trouvé des paroles aussi saisissantes pour faire comprendre le respect qui devait couvrir la vie humaine.

L'idée juive que l'homicide n'était pas seulement un attentat contre la vie humaine, mais le plus grand des *sacriléges,* ne pouvait pas recevoir, par Jésus-Christ, une plus complète et plus solennelle confirmation !

Il y avait encore, dans l'Evangile, un autre texte qui devait amener les esprits, par des voies plus lentes et plus détournées, mais non moins sûres, à renoncer à l'idée du droit de vie et de mort dans la famille, c'est celui par lequel il était prescrit aux Chrétiens d'aimer leur prochain comme eux-mêmes, de faire du bien même à leurs ennemis et à leurs persécuteurs.

Jésus-Christ avait dit :

« Vous avez entendu qu'il a été dit : tu aimeras ton prochain, et *tu haïras ton ennemi ;* mais moi, je vous dis : *aimez vos ennemis, bénissez ceux qui vous maudissent, faites du bien à ceux qui vous haïssent,* et priez pour ceux qui vous outragent et vous persécutent ! » (1)

En écoutant ces paroles, les regards se rélèvent, involontairement, vers le ciel, pour rendre grâces à Celui qui les a prononcées.

On sent qu'avec ces paroles, les armes devaient tomber, un jour, des mains de tous les meurtriers ; on comprend que le droit de de vie et de mort d'un homme sur un autre

_____

(1) St. Mathieu, V. 43, 44.

homme était condamné à disparaître et à s'engloutir dans l'amour !...

Les apôtres le disaient eux-mêmes :

« Celui qui aime les autres a accompli la loi ; car, ce qui est dit : tu ne commettras point d'adultère, TU NE TUERAS POINT, tu ne déroberas point, etc..., et, s'il y a quelqu'autre commandement, tout est compris dans cette parole : *tu aimeras ton prochain comme toi-même ; l'amour du prochain n'opère pas le mal ! L'amour est donc l'accomplissement de la Loi !* » (1)

Il est donc certain que, tout en s'appuyant, d'abord, sur les textes de l'Ancien Testament, qui leur étaient devenus familiers, depuis leur enfance, par la fréquentation assidue des synagogues, les apôtres devaient trouver, dans les textes de l'Evangile, tout un monde d'idées nouvelles pour fortifier leurs propres convictions et combattre, victorieusement, le droit de vie et de mort dans la famille.

Prenons, maintenant, les ouvrages des Pères de l'Eglise des premiers siècles de l'Eglise chrétienne, et recherchons si les enseignements qu'ils répandirent, dans le monde, n'a-

---

(1) Dilectio proximi malum non operatur ; plenitudo ergò legis est dilectio.

(St. Paul, *Epit. aux Rom.,* XIII, 9, 10).

14

vaient pas pour but de faire triompher ces vérités inconnues, et n'étaient pas fondés sur ces principes même de l'Ancien et du Nouveau Testament.

Nous prouverons, ainsi, par des faits irrécusables, que l'abolition du droit de vie et de mort, dans la famille, est bien l'œuvre du Christianisme et des premiers Chrétiens.

CHAPITRE III.

De l'opinion des premiers Chrétiens et des Pères de l'Eglise sur le droit de vie et de mort, dans la famille.

Sans doute, les apôtres, — et leurs premiers disciples, — avaient bien d'autres choses plus pressées à faire que d'annoncer aux Payens qu'il ne leur était pas permis de tuer leurs esclaves, leurs enfants et leurs femmes, ou de se tuer eux-mêmes.

Mais ces questions étaient trop importantes pour ne pas appeler leur attention, et devenir l'objet de leurs communications écrites ou verbales.

Aussi, voyons-nous qu'il en fut ainsi.

En remontant jusqu'aux apôtres, nous trou-trouvons la trace des efforts énergiques et persévérants qui furent employés par les Chrétiens pour combattre tous les genres d'homicides légaux autorisés dans la famille.

Parmi les écrits les plus anciens, qui ont échappé à la destruction des temps, et qui contiennent, sur ce sujet, des renseignements dignes d'être remarqués, nous devons citer, d'abord, un document émané d'un Juif, originaire de l'île de Chypre, et qui s'était signalé par son zèle pour le Christianisme.

Ce Juif s'appelait Josès.

C'était, disent les *Actes des Apôtres,* un homme de bien, plein de l'Esprit saint et de foi, et qu'on avait surnommé Barnabas, c'est-à-dire, en hébreu, fils de consolation.

Il avait été lévite parmi les Juifs, et après sa conversion, il avait été associé à St. Paul, pour la prédication de l'Evangile, à Antioche, à Séleucie, à Salamine, à Paphos, à Icône, à Lystre, et dans les principales villes de l'Asie-Mineure ; il était donc parfaitement placé pour nous faire connaître le sens et le but de l'enseignement de la doctrine chrétienne, à cette époque (1).

____

(1) *Actes des Apôtres,* IV, 36, 37 ; IX, 27 ; XI, 30 ; XII, 25.

Dans une Epître de Barnabé, dont l'authenticité est généralement admise, et qui est considérée comme un des monuments les plus précieux de la discipline de la primitive Eglise, on lit ces lignes :

« Tu ne détruiras pas le fœtus, par l'avortement, et tu ne le tueras pas, après la naissance » (1).

C'est, évidemment, la doctrine juive, enseignée, pour la première fois, aux Gentils, par une bouche chrétienne.

Après Barnabé, l'écrivain le plus ancien que nous pouvons citer, c'est St. Clément, dont St. Paul parle dans son Epître aux Philippiens, comme l'un des compagnons de ses travaux (2), et qui fut appelé, après Anaclet, au gouvernement de l'Eglise de Rome, vers l'an 91 de l'ère chrétienne.

Dans les constitutions apostoliques attribuées à St. Clément, on trouve encore,—presque dans les mêmes termes, — le principe posé par Barnabé : « Tu ne détruiras pas ton fils par l'avortement, et tu ne tueras pas ce qui est né ; car tout ce qui est formé, et qui a reçu une

______

(1) Non interficies fœtum in abortione, nec etiam interimes post nativitatem.

(*Epit. cathol.*, ch. 13).

(2) Philipp., IV. 3.

âme de Dieu, s'il est tué, sera vengé comme tué injustement » (1).

Nous sommes loin de prétendre que ces constitutions apostoliques soient certainement l'œuvre du disciple de St. Paul ; mais, nous pouvons, au moins, les invoquer, *sur ce point,* comme un témoignage notable de l'antiquité de cette tradition chrétienne.

St. Clément mourut la dernière année du premier siècle de notre ère, ou cent ans après Jésus-Christ.

A partir de cette époque, plusieurs ouvrages, qui sont aujourd'hui perdus, furent publiés pour l'exposition ou la défense des principes du Christianisme, et, nous trouvons une lacune d'environ cinquante ans.

Nous arrivons à St. Justin, philosophe platonicien, né à Sichem, ancienne capitale de la Samarie, dans la Palestine.

Parmi les ouvrages de cet écrivain, que le temps a épargnés, se trouvent deux *Apologies,* dont la première fut publiée, vers l'an 150 de Jésus-Christ, et, par conséquent, onze ans avant la mort de l'empereur Antonin-le-Pieux, qui mourut le 7 mars 161, à l'âge de 73 ans.

---

(1) **Non** interficies filium tuum in abortione, neque, quod natum est, necabis : omne enim *formatum,* quod animam à deo accepit, si perimatur, vindicabitur utpotè injustè occisum. (Liv. VII, ch. 3).

Voici ce qu'il disait, dans sa première apologie, sur l'exposition des enfants :

« Nous craignons tellement de blesser la justice et l'humanité que nous regardons comme *les plus coupables d'entre les hommes* ceux qui vont *exposer* les enfants nouvellement nés ; d'abord, parce que nous voyons que presque tous les enfants, garçons ou filles, qui sont ainsi abandonnés, sont nourris pour *servir à des usages honteux,* de même qu'on nourrissait, autrefois, d'immenses troupeaux de boucs, de chèvres, de bœufs, de chevaux et de moutons ; et, ensuite, parce que nous craignons que, faute d'être recueillis, ceux qui sont ainsi exposés ne périssent, et que nous ne devenions *ainsi homicides* » (1).

Ainsi, St. Justin était aussi net que possible pour déclarer que l'exposition des nouveaux-nés était aux yeux des Chrétiens, comme aux yeux des Juifs, un grand crime, et pour tout dire, par un mot, un véritable *homicide.*

Maintenant, interrogeons le *philosophe* Athénagore, qui devint un des défenseurs les plus énergiques du Christianisme, et qui, sous le titre de *Légation pour les Chrétiens,* publia une autre apologie célèbre, sous le règne des empereurs Marc-Aurèle et Commode.

____

(1) St. Justin, 1re Apologie, § 27 et 37.

Voici comment, en justifiant les Chrétiens des calomnies dont ils étaient l'objet, il parlait de l'homicide, de l'avortement et de l'exposition des enfants :

« Ceux qu'on sait avoir pour principe de *ne pas même assister à une exécution, fût-elle légitime*, comment peut-on les accuser de *tuer* un homme et de le dévorer? Quelle ardeur n'a-t-on pas pour les spectacles des gladiateurs et des animaux féroces, surtout lorsque la magnificence impériale les prodigue à la curiosité des peuples? *Nous seuls*, nous nous en éloignons, parce que nous pensons que *regarder un homicide, c'est presque la même chose que de le commettre.* Comment donc pourrions-nous commettre un meurtre, nous qui ne voulons pas même le regarder, de peur de nous souiller d'un crime ou d'une impiété? Comment pourrions-nous tuer un homme, nous qui affirmons que *les femmes qui se servent de médicaments pour se faire avorter sont homicides, et rendront à Dieu raison de cet avortement?* Celui qui pense *que le fœtus, même dans le sein de la mère, est un être vivant, placé sous la garde de Dieu*, peut-il le tuer, quand il est venu à la lumière? Celui *qui ne veut pas exposer un enfant*, parce que ceux qui exposent sont des *parricides*, pourrait-il le tuer , quand il *l'a nourri et élevé?* » (1)

La lutte entre les idées des représentants de la société antique et les représentants de la société payenne se manifeste-t-elle , ici, d'une manière assez éclatante?

On ne saurait le nier.

Veut-on , maintenant, savoir comment Athénagore combattait l'usage d'offrir aux Dieux des *victimes humaines* ou même des victimes, en général, voici ce qu'il disait :

« L'ouvrier et le père de toutes choses n'a besoin ni de *sang ,* ni de fumée, ni de fleurs, ni de parfums ! N'est-il pas lui-même l'odeur la plus suave ? Lui manque-t-il quelque chose au dedans ou au dehors?—Le reconnaître pour Celui qui a étendu et arrondi les cieux au-dessus de nos têtes , affermi la terre comme centre du monde, rassemblé les eaux dans les mers , séparé la lumière des ténèbres ; qui a parsemé d'astres divers la voûte céleste, et fait sortir de la terre toutes sortes de plantes ; qui a créé les animaux , et *formé l'homme à son image :* n'est-ce pas lui offrir le sacrifice le plus agréable à ses yeux ? — Lors donc que nous reconnaissons Dieu comme le créateur souverain qui gouverne et conserve toutes

____

(1) Athénagore, , *Leg. pro. Christ.,* § 35. — Parricide était, autrefois, synonime d'homicide.

choses, par sa puissance et sa sagesse ; lorsque nous élevons vers lui des mains pures, qu'aurait-il besoin *d'hécatombes ?* Ce ne sont, dit un poëte, ni les *victimes*, ni les touchantes prières ; ce ne sont ni les *libations*, ni la *fumée des sacrifices* qui peuvent apaiser les Dieux, si l'on a transgressé la loi, si l'on a péché. Pourquoi présenter à Dieu des *holocaustes* dont il n'a pas besoin ? Il demande une victime non sanglante ; il *demande un culte éclairé et raisonnable !* » (1)

Si l'on ne peut pas indiquer, d'une manière bien certaine, la date de cette apologie, il est au moins, incontestable qu'elle est antérieure à l'année 180 de l'ère chrétienne, puisque Marc-Aurèle est mort le 17 mars de cette même année, à 59 ans.

Nous voudrions pouvoir citer les admirables pages écrites, sur ce sujet, par St. Clément qui, vers l'an 180 de l'ère chrétienne, devint, après Pantœnus, le chef de l'école d'Alexandrie.

En voici, seulement, un résumé :

Après avoir énuméré les peuples qui se plaisaient à voir couler le sang, pour apaiser leurs Dieux, il continuait ainsi :

« Vous appelez, dit-il, *sacrifices* des meurtres et des massacres ! Est-ce donc le mot qui

---

(1) Athénagore, § XIII. Traduct. de M. de Genoude.

change rien à la chose ? *Sacrifier* à Diane, à Jupiter, n'est-ce pas sacrifier à la colère, à la vengeance, à l'avarice ? Que l'on m'assassine sur l'autel ou dans un grand chemin, qu'importe ? Vous appelez le premier acte un sacrifice; en est-il donc moins un meurtre et un assassinat ? Vous fuyez l'aspect d'une bête féroce, et vous courez vous prosterner aux pieds d'un autel souillé de sang humain, et vous vous jetez aux pieds des démons, adorés sous le nom de ces divinités sanguinaires ?..... » (1)

Il faut renoncer à la pensée de nous arrêter sur les raisonnements qu'il développe, et nous borner à les indiquer ; ce résumé peut, d'ailleurs, en donner une idée exacte.

Passons à un illustre avocat de Carthage qui, après avoir embrassé le Christianisme,—comme beaucoup d'autres grands esprits de son temps, — se fit, par ses apologies, ses polémiques contre les Payens, et ses ouvrages philosophiques, une des plus grandes réputations de l'antiquité chrétienne.

Nous voulons parler de Tertullien.

Dans presque tous les ouvrages de Tertullien, on trouve des protestations ardentes contre l'avortement, contre l'exposition des enfants,

____

(1) St. Clément d'Alexand., *Stromates,* liv. 2, ch. 18.

contre l'infanticide et l'immolation des victimes humaines (1).

Voici un passage de son apologétique qu'il publia, vers l'an 194, sous le règne de Septime-Sévère :

« Ce n'était pas, dit-il, des enfants, mais des hommes faits que les Gaulois sacrifiaient à Mercure. Vos théâtres peuvent vous apprendre ce qui se passait dans la Tauride. Encore *aujourd'hui*, dans la ville la plus religieuse de l'univers, chez les descendants du pieux Enée, vous avez un Jupiter que, dans les jeux célébrés en son honneur, on arrose de sang humain. C'est, m'allez-vous dire, du sang de criminels condamnés aux bêtes ; cessent-ils donc d'être hommes ? Est-ce par honneur pour le Dieu, qu'on lui *sacrifie* de tels hommes ? Toujours, du moins, sont-ce là *autant d'homicides*. Oh ! que ce Jupiter doit vous sembler chrétien ! Qu'il est bien le fils unique de son père pour la cruauté ! Mais, comme il importe peu, qu'en fait de meurtres d'enfants, le motif soit la religion ou le caprice, l'assassin un père ou tout autre, c'est au peuple que je vais m'adresser.

» Peuple altéré du sang des Chrétiens, juges si intègres pour vous, si rigoureux pour nous,

____

(1) *L'Ame*, § 25 et § 37.—*Aux Nations*, liv. 1. § 15.

combien, dans cette immense multitude, n'y en aura-t-il pas de qui je vais frapper les consciences, en vous reprochant *que c'est vous-mêmes qui êtes les meurtriers de vos enfants !* Il n'y a de différence que par le genre du supplice. Par raffinement de cruauté, *ou vous les noyez, ou vous les faites mourir de faim et de soif, ou vous les exposez aux chiens ;* ce serait une mort trop douce que de les faire périr par le fer. Pour nous, l'homicide, est défendu. *Il nous est également interdit de faire périr le fruit d'une mère dans son sein, avant même que le sang soit transformé en homme.* C'est un homicide prématuré que d'empêcher la naissance. N'est-ce pas la même chose d'arracher l'âme d'un corps ou de *l'empêcher de l'animer ?* N'est-ce pas détruire un homme que de détruire ce qui allait le devenir ? *Le fruit tout entier n'est-il pas déjà dans la semence ?* » (1)

A ces paroles éloquentes, qui ne reconnaîtrait les principes de l'*Ancien Testament,* fortifiés et développés par les principes de Jésus-Christ et de ses apôtres ?

---

(1) Nobis verò, homicidio semel interdicto, etiàm conceptum utero, dùm adhuc sanguis in hominem delibatur, dissolvere non licet ; homicidii festinatio est prohibere nasci : nec refert natam quis eripiet animam, aut nascentem disturbet ; homo est, et qui est futurus. Etiam fructus omnis jàm in semine est !   (Tertull., *Apolog.,* § IX).

Maintenant , à côté de l'avocat de Carthage, nous allons placer un avocat de Rome , qui vivait au commencement du troisième siècle , — Minutius Félix.

Dans un dialogue intitulé : *Octavius*, Minutius Félix met aux prises un Chrétien et un Payen , et leur fait discuter plusieurs des questions que nous examinons.

« J'arrive , maintenant , dit-il ; au reproche d'immoler un enfant dans nos initiations : Pensez-vous que nous puissions tuer un petit corps si tendre et si délicat, et que quelqu'un de nous puisse répandre , verser et boire le sang d'un nouveau-né , qui est encore à peine un homme ? Personne ne peut le croire, si ce n'est celui qui peut l'oser. *C'est vous qui exposez les enfants*, que vous avez engendrés, *aux bêtes féroces* et *aux oiseaux de proie*, ou *qui leur ôtez la vie par un genre de mort affreux, par la strangulation. Il y a, parmi vous, des femmes qui, en buvant certains médicaments , détruisent, dans leurs entrailles, le germe d'un homme futur , et commettent un parricide avant d'engendrer.* C'est de vos Dieux même que vous vient cet usage barbare ; car , Saturne n'a pas exposé ses enfants, mais les a dévorés. C'est à bon droit que , dans certaines contrées de l'Afrique, des pères *sacrifient leur fils*, en étouffant leurs cris à force de caresses et de baisers, pour ne pas offrir au Dieu une victime qui se lamente. C'était une coutume des habitants de la Tauride, près du Pont, et d'un roi d'Egypte, nommé Busiris , d'immoler leurs hôtes. Les Gaulois sacrifient à Mercure des victimes humaines , des animaux. Les Romains , dans certaines circonstances , enterrent tout vivants un homme et une femme de la nation gauloise ou grecs d'origine. Aujourd'hui , c'est encore par l'homicide que vous adorez Jupiter Latiaris, qui , digne fils de Saturne , s'engraisse du sang des criminels et des scélérats..... Pour nous , *il ne nous est permis ni de voir le meurtre , ni d'en écouter le récit.* Nous avons tant d'horreur de verser le sang humain que , dans nos aliments, nous nous abstenons même du sang des animaux qui nous servent de nourriture. »

Un peu plus loin, il arrive à parler de l'usage de sacrifier des êtres vivants aux Dieux , et, dans un mouvement d'indignation , il laisse échapper ces belles paroles :

« Offrirai-je donc à Dieu des hosties et des victimes qu'il a créées pour son usage ? Ce serait une ingratitude. L'hostie qui lui plaît le mieux, c'est un esprit honnête , une âme pure , une conscience sincère ! C'est pourquoi celui qui garde l'innocence, adresse des supplications à

Dieu ; celui qui cultive la justice , lui offre des libations ; celui qui s'abstient des fraudes , se le rend propice ; celui qui soustrait un homme au péril , immole la meilleure des victimes. *Voilà nos sacrifices ! voilà nos cérémonies sacrées ! Ainsi chez nous , le plus religieux, c'est celui qui est le plus juste : Religiosor iste qui justior* » (1).

Quel est le philosophe payen qui a exprimé des pensées plus élevées ?...

Vers la même époque , un autre grand écrivain , — qui fut envoyé dans les Gaules par l'empereur Constantin , pour diriger les études de son fils,—Lactance vint apporter à la défense de ces vérités nouvelles l'appui de son génie et de sa piété.

« Que personne, dit-il , ne se persuade qu'il soit permis *d'écraser des enfants qui viennent de naître.* C'est une très grande impiété de leur ôter la vie que Dieu leur a donnée. Que les hommes soient bien convaincus qu'en enlevant à ces innocentes créatures la jouissance de la lumière que le créateur leur avait accordée, ils commettent un véritable crime dont ils souillent leurs mains. Comment peut-on attendre que des scélérats et des criminels , qui n'épar-

____

(1) Minutius Félix, n° 30, 31 et suiv.

gnent pas leur propre sang, épargnent le sang des autres? Que dire de ceux qu'une fausse piété force à *exposer* leurs enfants? Peut-on regarder comme innocents ceux qui livrent leurs propres entrailles en pâture aux chiens? Ne font-ils pas mourir ces enfants d'un plus cruel genre de mort que s'ils les avaient étranglés? Qui doute qu'il ne soit impie celui qui n'a pas permis de les laisser recueillir par la charité publique? Mais s'il arrive que l'enfant *qu'il a exposé* soit recueilli et nourri, il l'a voué à la servitude ou à la prostitution. Qui ne comprend, en effet, ce qu'il arrive, ou peut arriver, à ces enfants de l'un et de l'autre sexe? *Il est donc aussi coupable d'exposer que de tuer. Ces parricides* prétendent trouver une excuse légitime dans leur pauvreté, qui ne leur a pas permis de nourrir un si grand nombre d'enfants. Il n'est pas au pouvoir des hommes d'avoir des biens; Dieu donne tous les jours des richesses aux pauvres, et réduit les riches à la pauvreté. Que si quelqu'un ne peut élever ses enfants à cause de la pauvreté, il vaut mieux qu'il s'abstienne des caresses de sa femme, que de détruire, par des mains coupables, les œuvres de Dieu!..... » (1)

---

(1) Lactance, *Instit. div.*, liv. 6, ch. 20. — Voir encore liv. 6, ch. 24.

Nous retranchons, avec regret, les passages par lesquels il explique et commente, comme Athénagore, la loi de Jésus-Christ qui commande aux hommes d'adorer Dieu *en esprit et en vérité*, et nous arrivons à St. Bazile-le-Grand, archevêque de Césarée, mort l'an 379 de l'ère chrétienne.

Dans ses lettres canoniques à Amphiloque, voici ce qu'il dit :

« La femme qui, par des moyens artificiels, a détruit un fœtus, doit subir les peines du *meurtre*. Nous ne recherchons plus, comme on le faisait trop facilement, si le fœtus est formé, ou n'est pas formé. En effet, il faut la punir non-seulement pour avoir détruit l'enfant qui devait naître, mais encore pour s'être exposée elle-même à la mort, parce que la plupart des femmes, qui se livrent à ces pratiques, périssent. Ainsi, à la mort du fœtus, il faut ajouter un autre meurtre, si l'on doit, au moins, tenir compte de l'intention de ceux qui ne reculent pas devant l'avortement.

» Que la femme qui a *abandonné*, sur la voie publique, l'enfant qu'elle vient de mettre au monde, et qui pouvant le conserver l'a délaissé, soit pour cacher sa faute, soit pour céder à une pensée féroce et inhumaine, soit

jugée comme coupable du crime d'homicide » (1).

Il nous reste à parler du suicide et à faire
connaître, dans toute sa pureté, la théorie
chrétienne sur le suicide.

C'est surtout dans son ouvrage de la Cité de
Dieu, que St. Augustin résumant, sur ce
point, tout ce qui avait été écrit pendant les
premiers siècles de l'ère chrétienne, a discuté,
de la manière la plus approfondie, cette impor-
tante question.

Il a examiné s'il était permis à Judas de se
tuer pour se punir de sa trahison ; à Lucrèce,
de se donner la mort pour effacer la honte du
viol de Tarquin ; à Caton, de se poignarder
pour échapper à la domination de César ; et, il
a démontré que, dans tous ces cas, ou d'autres
semblables, le suicide était toujours un crime
punissable.

Après avoir réfuté, avec une vigueur de
raisonnement incomparable, les arguments des
philosophes de l'antiquité qui déterminaient les
circonstances dans lesquelles il était permis et
même glorieux de quitter volontairement la

---

(1) St. Basile, *1re lettre canonique*, canon 11 ; *2e lettre
canonique*, canon 33, et *217º lettre à Amphiloque*, nº 51.
V. *Conf.*, St. Augustin. — S*erm. de temp.*, CXI. — St.
Jérôme, Ep. 22, ch. 5.—Ambroise, **Hexam**, liv. 5, ch. 18.

vie, il a établi que le précepte du décalogue : « *Vous ne tuerez point* » était absolu, et que, par suite, celui à qui il est commandé de ne point tuer, n'a pas le droit de se tuer lui-même.

Toutes ces explications, qu'on ne saurait trop méditer, mais qui seraient trop longues pour être transcrites ici, se terminent par la conclusion suivante :

« Ce que nous disons, ce que nous soutenons, ce que nous apprenons en toute manière, c'est que, personne ne doit se faire mourir lui-même, — ni pour se délivrer des misères temporelles, de peur de tomber dans les éternelles ; ni pour les péchés d'autrui, de crainte que celui que le crime d'un autre ne souillait point, ne commence à être souillé de son propre crime ; ni pour ses péchés passés, parce qu'au contraire, il a besoin de vivre pour les effacer par la pénitence ; ni pour jouir d'une vie meilleure, parce qu'il n'y a point de meilleure vie, après la mort, pour ceux qui sont coupables de leur mort » (1).

C'est, comme on le voit, la négation la plus complète de toutes les idées acceptées par les législateurs et les philosophes du paganisme ;

______

(1) St. Augustin, *Cité de Dieu*, liv. 1, chap. 17 jusqu'au ch. 27.

Il y avait cependant des Juifs, et même des Chrétiens, qui, s'appuyant sur des textes mal compris de l'Ancien Testament, s'efforçaient d'établir que la loi révélée pouvait, dans certains cas exceptionnels, autoriser le suicide.

Cette opinion était assez répandue, et peut-être, même aujourd'hui, n'est-elle pas encore complètement déracinée.

St. Augustin l'a combattue, avec une grande force, dans ses livres contre Gaudence, dans ses discours, et dans ses lettres.

Analyser ses raisonnements, ce serait diminuer l'impression qu'ils produisent; et quoiqu'ils soient un peu longs, il vaut encore mieux les citer textuellement, à cause de l'utilité et de l'importance de cette question.

Voici donc, comment ce grand écrivain, réfutait l'opinion des donatistes qui croyaient pouvoir se tuer, en s'appuyant sur l'autorité des livres saints :

« Si ce que pratiquent ces furieux était permis, il s'ensuivrait que, comme il nous est ordonné d'aimer notre prochain comme nous-mêmes, celui qui se trouve dans des peines où il croit qu'il lui est bon et permis de se tuer lui-même, pourrait aussi tuer les autres, qui sont dans les mêmes peines. Or, qu'il nous soit défendu de tuer ceux même qui le voudraient, qui nous en prieraient, et qui seraient même hors d'état de pouvoir vivre, c'est ce que l'Ecriture nous fait voir, clairement, par l'exemple de David, qui punit de mort celui qui avait tué Saül, quoiqu'il ne l'eût fait qu'à la prière de ce prince déjà demi-mort de ses blessures, et pour le délivrer, tout d'un coup, des angoisses de son agonie. Comme c'est donc une règle générale que quiconque ôte la vie à un homme, sans aucune autorité légitime, est homicide, *il n'y a point d'autre moyen, pour exempter de ce crime ceux qui se tuent eux-mêmes, que de prouver que ce ne sont pas des hommes.* Voilà ce que nous avons fait voir fort au long, en beaucoup d'occasions, et dans nos discours et dans nos lettres.

» Je ne me souviens pas, néanmoins, d'avoir encore répondu à ce qu'ils nous allèguent de l'exemple du vieillard Razias, et dont ils se vantent comme d'une découverte qu'ils ont faite, à la fin, dans le livre des Machabées, après avoir été longtemps, sans pouvoir rien trouver, dans l'Ecriture, qui pût autoriser les meurtres horribles qu'ils exercent sur eux-mêmes. Mais, pour les obliger à céder sur ce point, c'est assez pour vous, et pour toutes les personnes intelligentes, qui entrent quelquefois en dispute avec eux, de leur dire que, quand ils auront établi qu'on peut citer comme exemple, *pour les Chrétiens*, tout ce que l'Ecriture rapporte de ce qui s'est fait parmi les Juifs, ils pourront se faire une règle de cette action de Razias. Que s'il est vrai, au contraire, qu'entre les actions de ceux même qui sont loués dans l'Ecriture, il y en a beaucoup qui ne conviendraient pas, *au temps et à l'état où nous sommes*, et qui même n'étaient pas bien dès ce temps là, nous mettons dans ce dernier nombre l'action de Razias. C'était un homme fort considérable parmi les Juifs, et qui s'était signalé dans le judaïsme, c'est-à-dire, dans la pratique de cette justice légale que l'apôtre regardait comme de la boue, et qu'il estimait même pernicieuse en comparaison de la *justice chrétienne*, et cette conduite l'avait porté si haut, parmi les siens, qu'on l'appelait le père des Juifs.

» Faut-il donc s'étonner qu'en cet état, il se soit laissé surprendre à un mouvement d'orgueil, dont on n'est que trop capable dès là qu'on est homme, et qu'il ait mieux aimé se donner la mort de sa propre main, que de vivre parmi ses ennemis, dans une honteuse servitude, après avoir tenu un rang si élevé dans la nation.

» Les auteurs profanes loueraient une telle

action ; mais pour l'Ecriture , quoiqu'elle ait loué cet homme , sur d'autres choses , elle ne fait que raconter simplement cette action sans la louer ; et si elle nous la propose , ce n'est pas afin que nous nous en fassions un exemple à suivre , mais afin que nous en jugions , non par nos propres règles , qui pourraient être mauvaises , puisque nous sommes des hommes comme les autres , mais par celles de la saine doctrine , qui est clairement exprimée dans *les livres même de l'Ancien Testament*. Car , il s'en fallait beaucoup que Razias ne fût au point où l'Ecriture veut que nous soyons , lorsqu'elle nous dit : *Recevez tout ce qu'il plaira à Dieu de vous envoyer ; portez-le , quelque douloureux qu'il soit , et conservez la patience dans l'humiliation.* Ce ne fut donc pas par un mouvement conforme aux lois de la sagesse que Razias se donna la mort ; mais pour ne pouvoir porter l'humiliation.

» Il est écrit qu'il voulut mourir noblement et courageusement , mais ce n'est pas pour cela une action d'un homme sage. Il y eut , en cela, de la noblesse , c'est-à-dire , de cette sorte de fierté qui fait qu'un homme libre ne peut souffrir l'esclavage. Il y eut même de la force et du courage ; car il en faut pour prendre la résolution de se tuer , et elle fut telle, dans cet homme, que n'ayant pu l'exécuter entièrement d'un coup d'épée qu'il se donna, il se précipita du haut d'un mur, et ne s'étant pas encore tout-à-fait tué de cette chûte, il eût la force de gagner, demi-mort, le haut d'un rocher et de s'arracher les entrailles, qu'il jetait sur le peuple, jusqu'à ce que n'en pouvant plus, il tomba mort. Cette action est grande, mais elle n'en est pas meilleure ; car il ne s'en suit pas que tout ce qui est grand soit bon, puisqu'il y a des crimes même qui ont quelque chose de grand. Il est dit dans l'Ecriture, par la bouche de Dieu même : *Gardez-vous bien de tuer le juste et l'innocent.* Si donc Razias n'était ni innocent, ni juste, pourquoi alléguer son action comme un exemple à suivre ? Si, au contraire, il était juste et innocent, comment est-ce qu'étant devenu, — contre la défense de Dieu même, — le meurtrier d'un innocent et d'un juste, en se tuant de ses propres mains, on croit pouvoir le louer ? » (1)

Cette réfutation est d'une force qui ne laisse rien à désirer, et elle achève de renverser les dernières objections tirées de l'Ecriture.

Tels sont les principes de la législation chrétienne sur l'avortement, l'exposition, l'infan-

___

(1) St. Augustin, lettre 204.

ticide, le culte de Dieu, qui proscrit l'immolation des victimes, et sur le suicide.

Nous n'avons inséré, dans ce chapitre, aucun extrait des Pères de l'Eglise relatif à l'interdiction du droit de tuer les femmes et les esclaves, parce que ces développements auraient été inutiles.

Après avoir dit, en effet, qu'il était de principe, chez les premiers Chrétiens, qu'assister volontairement à une exécution, même légitime, et regarder le meurtre, c'était presque le commettre, il est superflu de prouver qu'ils n'admettaient, en aucun cas, le meurtre d'un esclave ou d'une femme.

Nous aurons, d'ailleurs, l'occasion de confirmer plus amplement toutes ces idées en faisant connaître, dans notre prochaine étude, les règles tracées par St. Paul et par St. Pierre pour le gouvernement des familles, et qui contiennent, sur ce sujet, le code le plus accompli et le plus parfait qui puisse jamais sortir de la main des hommes.

Ce qu'il nous reste à faire, en ce moment, c'est de bien préciser les résultats qui sont acquis par les documents que nous avons transcrits :

Il est désormais établi que depuis Moïse jusqu'à Jésus-Christ, et depuis Jésus-Christ

Jusque dans les siècles suivants, *sans aucune interruption,* il y a eu, dans le monde, un corps de législation et de doctrine, *parfaitement homogène et authentique,* qui prohibait, sous toutes ses faces, *le droit de vie et de mort dans la famille,* alors qu'il était admis, consacré ou toléré par tous les peuples.

Pour montrer, plus irrésistiblement encore, que, pour l'abolition de ce droit, la priorité appartient au droit juif et chrétien sur le droit payen, nous allons citer la date des premiers monuments législatifs de l'Empire romain, qui, sous la pression et l'influence des idées chrétiennes, abrogèrent successivement toutes ces dispositions de l'ancien droit.

Il sera, dès-lors, facile de déterminer à quelle époque les sociétés payennes commencèrent à s'approprier ces idées, *sans en signaler l'origine.*

Mais, auparavant, et pour être complet, nous devons encore expliquer comment ce droit de vie et de mort, déjà interdit par des textes, dans le droit hébraïque, était devenu chez les Chrétiens absolument inconciliable avec les idées que Jésus-Christ avait répandues sur l'origine et la destinée de l'homme.

CHAPITRE IV.

De l'impossibilité de concilier le droit de vie et de mort, dans la famille, avec les idées de la cosmogonie chrétienne.

Il ne faut pas réfléchir long-temps sur les idées nouvelles que Jésus-Christ avait introduites dans le système de la cosmogonie, pour comprendre qu'avec de pareilles idées, il n'était plus possible d'accorder à un homme le droit de disposer de sa propre vie, ou de disposer de la vie de ses esclaves, de sa femme ou de ses enfants.

Commençons par le suicide.

Se tuer, quand on part de l'idée que l'homme n'est qu'un animal perfectionné *qui s'appar-*

tient à lui-même, et cesse, en mourant, d'exister, c'est faire, certainement, un acte très logique et très irréprochable, en principe.

Quand on s'appartient à soi-même, on ne fait, en se tuant, qu'user de son droit, et en usant de son droit, on ne fait injure à personne.

Comme, d'un autre côté, celui qui se tue, n'a rien à redouter au-delà du tombeau, il ne se fait, en cessant de vivre, aucun tort à lui-même et il peut avoir un intérêt réel, dans certains cas, à assurer sa tranquillité et son repos.

Ainsi, dans ce système, le droit de se tuer est *un droit naturel*, comme le droit de vivre ou de respirer, et l'interdiction de ce droit ne peut être qu'une exception fondée sur des motifs d'intérêt social, essentiellement variables et temporaires.

Tout ce qu'un législateur peut donc faire, dans ce système, c'est de subordonner l'exercice du droit de suicide à l'autorisation préalable des pouvoirs sociaux, qui peuvent être chargés de décider si, dans chaque espèce particulière, il n'y a pas intérêt, pour la société, à s'opposer au suicide.

C'est, en effet, comme nous l'avons vu, ce qui avait été admis par quelques législateurs et quelques philosophes du paganisme, qui n'avaient fait, en cela, qu'appliquer très logiquement les principes de la théorie payenne.

Mais, si l'on part de l'idée que l'homme est un être saint qui n'appartient exclusivement, dans son corps et dans son esprit, qu'à Dieu, et qui est destiné à une existence ultérieure, dans laquelle il sera puni ou récompensé selon ses œuvres, le suicide doit être interdit, de la manière la plus absolue, par plusieurs raisons aussi fortes les unes que les autres.

La première, c'est qu'en se détruisant, il commet, comme le disait Philon, une profanation véritable, c'est-à-dire un *sacrilége;* la seconde, c'est qu'il n'a plus sur lui-même qu'une sorte d'usufruit, qui ne lui permet plus de changer ou de dénaturer sa propre substance (1); enfin, la troisième, c'est qu'il ne peut échapper, dans la vie ultrà-terrestre, aux peines réservées à ceux qui violent la loi chrétienne.

Ainsi, dans une société organisée suivant les vrais principes du Christianisme, le suicide ne peut jamais être un droit pour personne, et ne saurait être ni autorisé, ni *toléré.*

Mais, si ces principes sont vrais, comment

____

(1) Ususfructus est jus alienis rebus utendi, salvâ rerum substantiâ.　　　　　　*(Instit,* liv. 2, tit. 4).

un homme, qui ne peut jamais avoir le droit de se tuer lui-même, pourrait-il avoir le droit d'en tuer un autre, même dans le cercle de sa vie domestique ?

Comment, par exemple, sous la loi de Jésus-Christ, aurait-il pu être permis aux maîtres de tuer leurs *esclaves,* puisque non-seulement cette loi n'admettait pas l'esclavage, mais encore que, devant elle, les esclaves étaient des êtres saints et immortels, comme leurs maîtres ?

Comment aurait-il pu être permis aux pères de tuer leurs enfants, puisque, d'après cette loi, les enfants étaient eux-mêmes la *propriété de Dieu,* à partir du moment de leur conception, et devaient être considérés, pendant leur vie terrestre, comme des temples qui lui étaient consacrés ?

Le même raisonnement devait être fait pour enlever aux maris le droit de tuer leurs femmes.

On voit, d'après ce qui précède, que les idées de la cosmogonie chrétienne étaient totalement inconciliables avec le droit de vie et de mort dans la famille, et qu'indépendamment du secours qu'ils trouvaient dans les lois juives pour le combattre, les premiers Chrétiens devaient être amenés, par la force irrésistible des choses, à lutter et à réagir contre ces théories du paganisme.

Ce qui résulta de la propagation et de la diffusion incessante de ces idées, non-seulement dans les masses populaires, mais encore dans les classes supérieures de l'Empire romain, on commence à l'entrevoir.

Une nouvelle vie morale se répandit dans le monde.

Les Empereurs eux-mêmes, gardiens jaloux des institutions d'un passé qui avait fait, à leurs yeux, la puissance et la gloire de Rome, se sentirent atteints et subjugués.

Nous allons les voir maintenant, sous la pression de cette révolution morale, dont le flot montait et submergeait tous les esprits, commencer à démolir eux-mêmes ces vieilles institutions, et, tout en détestant les Chrétiens qui semblaient devoir bouleverser insensiblement toutes les règles de la politique, du culte et du gouvernement, adopter leurs idées et devenir les instruments providentiels des progrès, dont ils désavouaient, en rougissant, l'origine.

CHAPITRE V.

Etat des progrès accomplis : indication des progrès qui restent à accomplir.

On sait que tous les genres d'homicides, dans la famille, sont considérés, aujourd'hui, comme des crimes punissables, dans toutes les législations qui se sont inspirées des idées du Christianisme.

Mais ce que tout le monde ne sait pas également, et ce qu'il est utile de bien expliquer, c'est qu'il a fallu des siècles de luttes, poussées, parfois, jusqu'à l'héroïsme et au martyre, pour arriver à ce résultat.

16

Précisons donc les époques et les circonstances dans lesquelles ces progrès, si importants pour l'humanité, se sont accomplis.

Nous voyons d'abord, par un fragment du jurisconsulte Modestin, inséré dans les Pandectes de Justinien, qu'après *la loi Petronia, et les sénatus-consultes qui furent rendus en exécution de cette loi*, le pouvoir de livrer arbitrairement leurs esclaves aux bêtes, fut enlevé aux maîtres, et qu'à partir de cette époque, il fut décidé que ceux qui voudraient les faire combattre contre les animaux féroces, seraient tenus d'en demander l'autorisation aux juges, qui pouvaient toujours l'accorder, lorsque les maîtres avaient de justes motifs de mécontentement contre leurs esclaves (1).

A quelle époque cette loi Petronia fut-elle rendue ?

Quelques auteurs pensent que Modestin parle, ici, de la loi *Petronia—Cœsonia,* qui fut portée, sous le consulat de Petronius et de Cœsonius, l'an de Rome 814. (An 61 de l'ère chrétienne).

Mais d'autres auteurs pensent qu'au lieu de la loi *Pœtronia*, il faut entendre la loi *Pœtinia,* qui fut portée sous le Consulat de Pœtinius et d'Apronianus, sous le règne de l'empereur Adrien.

____

(1) Dig., liv. 48, titre 8, § 11.

On sait qu'Adrien mourut l'an 138 de l'ère chrétienne, après un règne de 20 ans.

Cette dernière opinion nous paraît beaucoup plus vraisemblable, parce que c'est seulement, à partir de l'empereur Adrien, que les principes absolus et rigoureux de l'ancien droit romain commencèrent à fléchir sous l'influence croissante du Christianisme.

Nous voyons, en effet, par un autre fragment d'Ulpien, que ce fut l'empereur *Adrien* qui exila une dame romaine appelée Umbricia, parce qu'elle traitait ses femmes esclaves, avec la dernière atrocité, pour les motifs les plus futiles (1).

S'il fallait en croire un assez mauvais historien latin, du temps de *Dioclétien,* ce serait le même Adrien qui aurait défendu aux maîtres de tuer leurs esclaves, et décidé qu'à l'avenir les esclaves qui seraient jugés dignes de mort, seraient condamnés par les juges (2).

Mais le jurisconsulte Gaïus, qui vivait plus de cent ans avant Spartien, ne parle pas, du tout, de cette constitution d'*Adrien,* qu'il n'aurait pu ignorer, et il attribue l'introduction de ce droit nouveau à *Antonin-le-Pieux.*

---

(1) Dig., liv. 1, tit. 6, § 2.

(2) Servos à dominis occidi vetuit, eos que jussit damnari per judices, si digni essent.

(Spartien, *in **Hadr.**,* liv. 1, § 18).

« *Aujourd'hui*, dit Gaïus, il n'est plus permis ni aux citoyens romains, ni à aucun des autres hommes soumis à l'empire du peuple romain, de sévir outre mesure, et *sans cause*, contre leurs esclaves ; car, d'après une constitution du très sacré empereur *Antonin*, celui qui, *sans cause*, aura tué son esclave, ne sera pas moins *tenu* que celui qui aura tué l'esclave d'autrui » (1).

Ainsi, c'est bien sous l'empereur *Antonin*, d'après Gaïus, et non sous *Adrien*, — c'est-à-dire entre les années 138 et 161 de l'ère chrétienne, — que ce grand changement dans le droit romain serait survenu.

Il est intéressant de faire remarquer que ce fragment de Gaïus, qui a été introduit dans les Pandectes de Justinien, a été retouché et remanié par les compilateurs de ce recueil ; aux mots : *sans cause*, ils ont ajouté : *reconnue par les lois* (legibus cognita), et ils ont mis : *puni* à la place de *tenu*.

Il est évident que la portée de la constitution d'Antonin a été fort aggravée.

Mais les idées avaient fait du chemin depuis Gaïus à Tribonien, et le droit des Pandectes ne ressemble guère à celui qui existait aux premiers siècles du Christianisme.

____

(1) Gaïus, **Comm.** 1, § 53.—*Sed hoc tempore,* etc.

Il existe, dans ce recueil, un autre rescrit du même Antonin, emprunté à Ulpien, et qui montre encore avec quels ménagements et quelle timidité, on touchait, à cette époque, au droit des maîtres sur leurs esclaves.

Voici ce qu'il écrivait à un proconsul de la Bétique, pour lui apprendre ce qu'il y avait à faire, lorsqu'un maître maltraitait trop cruellement son esclave, *sans le faire mourir.*

« Il faut, disait-il, que le pouvoir des maîtres sur les esclaves *ne soit pas diminué*, et il ne faut enlever à personne son droit; mais il est de l'intérêt des maîtres, qu'on ne refuse pas de secourir ceux qui se plaignent justement de sévices, ou de *refus d'aliments*, ou d'injures *intolérables*. Si donc, vous reconnaissez que ces esclaves ont été traités plus durement qu'il ne faut, ou qu'on les ait forcés à des *actions infâmes, faites les vendre*, afin qu'ils ne retournent pas sous la puissance du maître. S'il veut éluder mon ordonnance, qu'il sache que je le poursuivrai plus sévèrement » (1).

A cette époque, vers le milieu du IIe siècle, la condamnation à laquelle s'exposaient les maîtres qui refusaient des aliments à leurs

____

(1) Digeste, liv. 1, tit. 6. — Voir, surtout, les ***Instit. de Théophile***, liv. 1, tit. 8.

esclaves, ou qui leur faisaient subir des injures *intolérables*, ou les forçaient à des actions *infâmes*, c'était d'être contraints à les *vendre* !

Il faut arriver à l'empereur Constantin pour trouver quelques dispositions nouvelles en faveur des esclaves.

Constantin décide que si un maître tue son esclave, en le châtiant, il faut juger, d'après les circonstances, s'il a eu l'intention de le tuer, et il ne craint pas de dire qu'il ne sera coupable d'aucun crime, si l'esclave *meurt* à la suite des *coups de verges ou de courroies*, qu'il' lui aura donnés.

Il faut lire le titre de la *Correction des esclaves*, au Digeste, pour se faire une idée des supplices barbares qui étaient encore infligés à ces infortunés, au commencement du quatrième siècle de l'ère chrétienne, et que Constantin s'efforça de prévenir et de réprimer (1).

Arrivons au droit de vie et de mort des pères sur leurs enfants.

Ce fut, paraît-il, l'empereur Trajan, prédécesseur d'Adrien, qui commença à ébranler les bases de l'ancien droit paternel, en forçant un père à *émanciper* un fils qu'il maltraitait avec excès (2).

---

(1) Cod. L. IX, tit. XIV, de Emendat. serv.
(2) L. lin. si à par. quis manum. Liv. IX, Digest.

L'empereur Adrien s'enhardit jusqu'à reléguer dans une île un père qui avait tué son fils à la chasse, parce qu'il avait séduit sa belle-mère.

La raison qu'il donnait de cette condamnation vaut la peine d'être signalée : il ne disait pas que le père n'avait pas eu le droit de tuer son fils, mais il déclarait qu'il l'avait plutôt tué comme un voleur, qu'en vertu de son droit paternel (1).

Ce n'est que sous l'empereur Alexandre-Sévère (l'an 222 de Jésus-Christ), que nous voyons le droit de vie et de mort transporté des pères aux présidents des provinces.

Les termes de l'Empereur sont trop importants, pour ne pas être cités textuellement :

« Que si ton fils ne connaît pas la piété qu'il doit à son père, il ne te sera pas défendu de le châtier par le droit de la puissance paternelle. S'il persévère dans sa résistance, tu pourras user d'un remède plus rigoureux : tu le présenteras au président de la province, qui *prononcera la condamnation que tu aurais voulu prononcer toi-même !* » (2)

---

(1) Quòd latronis magis quàm **patris jure** eum interfecit. Dig., L. 48, t. 9, L. 5.

(2) Code, liv. 8 , tit. 47 de Patr. potest. — Dig., liv. 48 , tit. 8, ad leg. corn. de sic. , L. 2.

C'est encore Constantin qui a décidé qu'un père, qui aurait tué un de ses enfants, serait puni comme un parricide (1).

L'avortement, qui peut avoir pour résultat d'entraîner la mort de la mère, avec la mort de l'enfant, et qui a l'inconvénient *de priver le père d'un héritier,* ne tarda pas à frapper l'attention des Empereurs romains.

Nous voyons, par un extrait du jurisconsulte Marcien, inséré au Digeste, que ce furent les empereurs Sévère et Antonin Caracalla qui commencèrent à le réprimer : On était, à cette époque, à la fin du IIe siècle de l'ère chrétienne, ou au commencement du IIIe siècle.

Ces Empereurs décidèrent, par un rescrit, qu'une femme qui avait contribué à se faire avorter serait exilée, pour un temps, par le président de la province.

Le motif qu'ils donnèrent mérite d'être noté : « *Il peut,* en effet, disent-ils, *paraître* indigne, qu'elle puisse impunément frauder son mari de ses enfants » (1).

Ainsi, le motif de cette condamnation était puisé, non dans l'inviolabilité de la vie de l'enfant, mais dans la situation du père qui pouvait avoir intérêt à le conserver.

----

(1) Indignum videri impunè eam maritum liberis fraudâsse. (Pothier, Digest., liv. 47.—L. 4 de partu abacto).

C'est à ces dispositions du droit impérial que se rapportent les explications des jurisconsultes Paul, Ulpien et Tryphonius, qui se trouvent rapportées dans le corps du droit romain.

A partir de cette époque, le droit sur l'avortement ne s'est pas beaucoup modifié jusqu'à Justinien.

L'exposition des enfants appela, quelque temps après, l'attention du législateur.

On trouve, aux Pandectes de Justinien, un titre ainsi conçu : « *De l'obligation de reconnaître et de nourrir ses enfants* (1).

Mais il importe de bien remarquer que les deux sénatus-consultes, rapportés sous ce titre et qui ont réglé ces matières, ne sont nullement inconciliables avec le droit d'exposition qui existait, alors, comme aux premiers temps de la République.

Le sénatus-consulte Plancien, qui est antérieur à Adrien, avait pour but de régler l'état civil des enfants qui naissaient après le divorce prononcé.

L'autre sénatus-consulte, qui fut rendu du temps d'Adrien, concernait la reconnaissance des enfants nés *durant le mariage*.

Il résulte de ces deux actes législatifs que,

____

(1) Digeste, liv. 25, tit. 3 de Agnos. et alend. liberis.

lorsque la paternité était constatée, soit après le divorce prononcé, soit durant le mariage, c'était au père qu'incombait la charge de nourrir l'enfant ; mais il est bien certain que, dans ces cas, son droit de puissance paternelle restait intact.

C'est, particulièrement, dans le code qu'on trouve les lois qui ont réglé le droit d'exposition (1).

Le premier rescrit impérial qui s'occupe de cette matière est d'Alexandre-Sévère, l'an 225 de l'ère chrétienne.

A cette époque, l'Empereur décidait encore qu'il serait permis au maître de revendiquer l'enfant de son esclave lorsqu'il aurait *été exposé à son insu,* à la condition de payer les dépenses faites pour la nourriture et l'éducation de l'enfant.

Il faut arriver à l'année 374 de l'ère chrétienne pour trouver un autre rescrit des empereurs Valentinien, Valens et Gratien, relatif à l'exposition.

Ce rescrit décidait que celui qui exposait l'enfant, *qu'il était tenu de nourrir,* devait être puni, et cette punition consistait dans la perte de la puissance paternelle ou dominicale : Le

_____

(1) Code, liv. V, tit. 4.—Livre VIII, tit. 52, de Infantibus expositis liberis et servis.

père ou le maître qui avait exposé volontairement l'enfant ne pouvait plus le revendiquer (1).

Il est inutile de faire connaître les mesures prises par les Empereurs qui suivirent Valentinien ; il suffit de faire remarquer que l'exposition est un des crimes de l'antiquité payenne qu'il a été le plus difficile de faire disparaître.

A quelle époque précise le droit des maris de tuer leurs femmes fut-il aboli par le droit romain ?

S'il fallait croire, sur ce point, les textes des Pandectes, ce droit aurait été aboli par la loi *Pompeïa de parricidiis*, qui fut rendue, vers l'an 701 de la fondation de Rome, sous le consulat de Cn. Pompée : le mot *uxorem* se trouve compris dans l'énumération des personnes qu'il est défendu de tuer (2).

Mais ce texte nous paraît être encore ce qu'on est convenu d'appeler un *tribonianisme*.

Justinien avait écrit à Tribonien que toutes les corrections qu'il ferait auraient force de loi, *alors même qu'elles seraient contraires à l'ancien droit*, et l'on sait qu'il usait largement de ce pouvoir (3).

---

(1) Nec enim suum quis dicere poterit quem pereuntem contempsit.　　　　(C. L. VIII, tit. 52, L. 2).

(2) Digest., liv. 48, tit. 9.

(3) Ortolan, *Hist. de la Leg. rom.*, p. 339.—Voy. *suprà*, pour l'extrait de Gaïus.

La preuve de cette falsification nous paraît résulter des textes du jurisconsulte Paul et du Code théodosien, qui rapportent eux-mêmes les termes de cette loi Pompeïa, sans mentionner la femme, et d'une manière bien plus conforme aux principes de l'ancien droit (1).

Une pareille dérogation à ces principes, en 701, ne pourrait s'expliquer par aucune raison philosophique ou politique.

Quoi qu'il en soit, il est au moins certain que, — après cette loi Pompeïa, — les maris continuèrent d'avoir le droit de tuer leurs femmes, avec l'assistance ou le concours de leurs parents, et même sans ce concours, en cas de flagrant délit d'adultère.

Ce furent les empereurs Tibère, Constance, Gratien et Valentinien, Arcadius, Théodose, Honorius et leurs successeurs qui interdirent les sacrifices des hommes en l'honneur des Dieux.

Cet usage était tellement enraciné, chez les Payens, que l'an 374 de l'ère chrétienne, les Empereurs édictaient encore la loi suivante : « Si quelqu'un de l'un ou de l'autre sexe, à

---

(1) Lege Pompeïa de parricidiis tenetur qui patrem, matrem, avum, aviam, fratrem, sororem, patronum, patronam occiderit. (*Recept. Sent.*, tit. 24).

Conf., *Cod. théod.*, liv. IX, tit. 15.

fait immoler *un enfant*, qu'il sache qu'il sera puni de la peine capitale » (1).

On sait que le suicide n'a jamais été interdit, par les lois romaines, aux simples particuliers qui n'étaient ni accusés, ni condamnés.

On peut juger, par ce tableau, de l'état de la civilisation payenne, à l'époque de l'avènement du Christianisme.

Mais, pour bien faire comprendre l'influence que les Chrétiens exercèrent sur les Payens, avant d'obtenir ces réformes, il faut rappeler brièvement les écrits que les Pères de l'Eglise avaient déjà publiés.

St. Ignace, disciple de St. Pierre et de St. Jean, évêque d'Antioche, depuis l'an 68 jusqu'à l'an 107, avait publié ses remarquables épîtres aux Ephésiens, aux Magnésiens, aux Tralliens, aux Philadelphiens, aux fidèles de Smyrne et aux Romains.

L'an 126, Quadrat, évêque d'Athènes, avait présenté son apologie à l'empereur *Adrien*.

Le philosophe Aristide avait présenté une autre apologie en faveur des Chrétiens au même empereur Adrien.

L'an 150, St. Justin avait composé son exhortation aux Gentils, son dialogue avec le juif

---

(2) Code, liv. I, tit. 11, et liv. IX, tit. 16.

Tryphon, ses deux apologies, et sa lettre à Diognète.

Vers l'année 160, St. Irénée, évêque de Lyon, avait publié son livre de la Science ou de la Discipline, pour la défense du Christianisme contre les Payens, et son Traité des Hérésies.

En 167, Tatien, disciple de St. Justin, avait publié son discours apologétique du Christianisme, adressé aux Grecs ; et, trois ans après, Méliton, évêque de Sardes, avait présenté une autre défense du Christianisme à l'empereur *Antonin*.

En 171, Apollinaire, évêque d'Iéraple, en Phrygie, avait écrit, sous *Marc-Aurèle*, pour faire connaître les principes de la morale chrétienne.

L'apologie d'Athénagore avait paru en 177, sous Marc-Aurèle et Aurèle Commode, et les savants écrits de Théophile, évêque d'Antioche, étaient dans toutes les mains, en 181.

Enfin, le grand St. Clément d'Alexandrie avait écrit, vers la fin du IIe siècle, son exhortation aux Gentils, ses stromates et son pédagogue.

Tels furent les points de départ des diverses modifications législatives qui aboutirent, finalement, à la disparition du droit de vie et de mort dans la famille.

Une chose digne de remarque , c'est que , dans toutes ces dispositions , les Empereurs romains n'ont fait souvent que s'inspirer des idées de la loi de Moïse , et qu'ils sont souvent même restés en dessous de l'Ancien Testament, qu'ils semblent avoir pris , plus particulièrement, pour modèle.

Il était réservé aux temps modernes de marcher, d'un pas plus hardi, dans la voie ouverte par le Christianisme.

Dans les codes contemporains , le maître qui tue son serviteur n'est pas moins coupable que le serviteur qui tue son maître ; le père ou la mère qui tuent *leur enfant ,* commettent un meurtre ou un assassinat ; le mari qui tue sa femme , même en flagrant délit d'adultère , dans sa propre maison , commet un homicide punissable, comme s'il tuait une femme étrangère , avec cette seule différence que la peine peut être un peu mitigée.

L'infanticide des nouveaux-nés, monstrueux, difformes ou débiles, est un crime punisssable comme l'homicide ordinaire.

L'exposition des enfants, dans des lieux solitaires , est également considérée comme un meurtre , si la mort s'en est suivie ; dans des lieux non solitaires, c'est un délit (1).

____

(1) Art. 351 Code pénal.

Le fait de procurer , par des moyens quelconques , l'avortement d'une femme enceinte , soit qu'elle *y ait consenti ou non,* est considéré comme un crime que les lois punissent de peines très sévères , et ces peines sont aussi prononcées contre la femme,—mariée ou non, —qui s'est procuré à elle-même l'avortement, ou qui a consenti à faire usage des moyens ou des médicaments à elle indiqués ou administrés, pour arriver à ce résultat (1).

Tous ces progrès sont définitivement accomplis, et ne disparaîtront plus des codes humains, au moins parmi les nations chrétiennes.

Mais il est encore un point très important, dans une législation, et sur lequel nous sommes plus arriérés, en France, que les anciens Grecs, les Romains, et quelques autres peuples antérieurs au Christianisme : nous voulons parler du suicide.

Il n'existe , dans notre législation pénale , aucune disposition quelconque qui flêtrisse , interdise, ou punisse le suicide.

Nous n'avons pas la prétention d'indiquer , ici, *en détail,* les mesures législatives qui pourraient être prises, pour combler cette lacune.

Nous nous bornons, seulement, à la signaler

____

(1) Art. 317 Code pénal.

et à demander que le suicide soit inscrit au nombre des infractions qui figurent dans notre Code pénal.

Nous voudrions qu'on s'entendît, d'abord, pour formuler une disposition conçue, à peu près, en ces termes :

« L'homme ne s'appartient pas à lui-même et ne peut disposer de sa propre vie ; celui qui se suicide commet le crime d'homicide. »

Le Code civil a eu la sagesse de proclamer une règle qui doit durer autant que la nature humaine : L'enfant, a-t-il dit, doit, à tout âge, honneur et respect à ses père et mère (1).

Pourquoi le Code pénal n'aurait-il pas, aussi, la sagesse de proclamer cette autre règle, — non moins éternelle, — que celui qui dispose de sa propre vie, est coupable devant Dieu comme devant les hommes ?

Les lois pénales sont, dans beaucoup de cas, la seule morale du peuple : Pourquoi n'inscrirait-on, pas dans ces lois, une disposition qui prêterait à la morale une force que celle-ci n'a pas toujours ?

La difficulté de trouver une peine efficace, et qui soit en harmonie avec nos mœurs actuelles, ne doit point arrêter le législateur, parce que

---

(1) Art. 371 Code Nap.

cette difficulté a déjà été vaincue par d'autres peuples, et qu'une fois d'accord sur les principes, on peut toujours arriver à s'entendre sur l'application.

Il est choquant de voir ceux qui se suicident faire exécuter leurs volontés testamentaires par la société qu'ils ont outragée : il faudrait, au moins, annuler leurs testaments.

Si l'on ne trouvait rien de mieux à faire que d'interdire de rendre à leurs corps des honneurs funèbres, cette sanction ne serait pas inutile.

Nous soumettons à la méditation des hommes politiques ces paroles de deux savants jurisconsultes :

« ..... L'inscription du suicide parmi les délits aurait déjà un avantage, celui d'édicter une haute leçon, un avertissement moral pour les peuples ; et, qui sait si cette salutaire flétrissure ne détournerait pas de son accomplissement quelques esprits momentanément égarés ? *N'empêchât-elle qu'une seule mort volontaire, la loi serait-elle inutile ?* Quelle voix ôserait s'élever pour le dire ? » (1)

Il y a, dans ces paroles, une sagesse, un sens pratique, une intelligence de la pensée

____

(1) Chauveau et Hélie, **Théorie du Code pénal**, tome 5, page 225.

chrétienne , qui ne doivent pas échapper à l'attention de ceux qui peuvent contribuer au perfectionnement de notre législation : nous espérons qu'elles ne resteront pas longtemps dans l'oubli.

Nous comptons , aujourd'hui , en France , quarante-cinq mille personnes , environ , qui se suicident , dans une période de dix ans.

Les chiffres officiels des quatre dernières années présentent un total de dix-huit mille trois cent cinquante-huit suicides ! (1)

La grandeur du mal ne démontre-t-elle pas l'urgence du remède ?

Mais il est temps de finir : Concluons.

---

(1) De 1826 à 1850 , le nombre *moyen* et *annuel* des suicides *a doublé*. De 1,739 , pour la période de 1826 à 1830, il s'est élevé à 3,446 pour la période de 1846 à 1850. —De 1851 à 1855, il a été *(année moyenne)*, de 3,639 , et de 1856 à 1860 , de 4,002.

Chiffres officiels des quatre dernières années : 1861 , 4,454 ; — 1862 , 4760 ; — 1863 , 4,613 ; — 1864 , 4521 !

(Comptes de la justice criminelle en France. Rapports de M. le G. des Sc. à l'Empereur).

CHAPITRE VI.

Conclusion.

Nous avons prouvé par des documents historiques précis, concordants et irrécusables, que, depuis les temps les plus reculés jusqu'à l'époque de l'avènement du Christianisme, et longtemps après, l'humanité payenne, représentée par ses législateurs et ses philosophes, avait admis le droit de vie et de mort dans la famillo, et nous avons montré que ce droit de vie et de mort était la conséquence logique et rationnelle du droit de propriété de l'homme sur l'homme, également admis par les nations payennes.

Nous avons prouvé, en second lieu, par des textes authentiques, que plus de 1500 ans avant Jésus-Christ, à une époque où l'ignorance la plus épaisse couvrait le monde, la législation de Moïse, seule, avait interdit ce droit de vie et de mort, sous toutes les faces, et nous avons montré que cette solution était aussi logique que la solution payenne, parce que Moïse n'avait pas admis le droit de propriété de l'homme sur l'homme, comme les autres peuples.

Enfin, nous avons prouvé, par les textes canoniques et les écrits des Pères de l'Eglise des cinq premiers siècles, que le Nouveau Testament n'avait pas seulement confirmé et développé toutes les dispositions de la loi de Moïse, sur cette matière, mais encore que les principes de la cosmogonie chrétienne étaient complètement inconciliables avec le droit, pour l'homme, de disposer de la vie humaine, *au moins dans la famille.*

En prenant ces preuves pour base de nos raisonnements, nous sommes autorisés à con-clure :

Que tant que le droit de propriété de l'homme sur l'homme aurait continué d'exister, le droit de vie et de mort, qui en dérivait, se serait perpétué avec lui, à travers les siècles, chez tous les peuples;

Que c'est véritablement aux deux législations, juive et chrétienne, que le monde a emprunté les principes qui devaient amener l'abolition de ces droits;

Que jamais aucun système philosophique ou juridique, ne s'est élevé et ne pourra s'élever plus loin que le système chrétien pour faire accepter l'idée de l'inviolabilité de la vie humaine, dans les conditions dont nous venons de parler;

Que ce serait manquer de vérité et de justice que de ne pas reconnaître, franchement, l'origine des progrès qui sont aujourd'hui acquis à la civilisation, et dont la gloire appartient, principalement, à Jésus-Christ.

Nous nous proposons, maintenant, de montrer que c'est à la législation chrétienne, seule, que le monde doit l'interdiction de divers autres attentats contre les personnes qui étaient autorisés par toutes les lois payennes.

Dans notre troisième étude, qui terminera notre premier livre, nous parlerons, en conséquence, du droit de mutilation, de blessures et de coups dans la famille, sous le paganisme, et de l'abolition de ces droits par la législation chrétienne.

UN MOT DE RÉPONSE

AUX CRITIQUES DU PREMIER VOLUME.

Quand on écrit, — avec la pensée très modeste, d'ailleurs, — de vulgariser quelques idées utiles pour le développement de la civilisation, *dans le sens chrétien*, c'est un devoir de répondre aux objections, lorsqu'elles sont faites avec convenance et bonne foi.

Nous avions dit que, pendant les quatre mille ans qui ont précédé l'ère chrétienne, et même pendant *plus d'un siècle* après la promulgation de cette loi, aucune voix ne s'était élevée, du sein du paganisme, pour attaquer *le droit de propriété de l'homme sur l'homme.*

On nous a opposé quelques passages d'anciens auteurs desquels il résulterait, selon la critique, que *l'esclavage* n'aurait pas toujours été considéré comme conforme à la justice et destiné à subsister toujours.

Nous répondons, d'abord, qu'en admettant que les passages cités eussent cette portée, ils n'établiraient pas que notre proposition fût inexacte, puisque nous ne parlions pas de *l'esclavage*, mais *du droit de propriété de l'homme sur l'homme*, qui est beaucoup plus complexe.

Jamais, notamment, l'affirmation d'Aristote, — que le père et la mère étaient propriétaires de leurs enfants, comme ils étaient propriétaires de leurs cheveux, de leurs dents ou de leurs ongles, — n'a été contestée par personne.

Parlons, maintenant, des auteurs dont on a cité les passages.

Sénèque-le-Philosophe est mort l'an 65 de l'ère chrétienne, la douzième année du règne de Néron. Il y avait, à cette époque, 32 ans, que les apôtres prêchaient le Christianisme : — L'Evangile de St. Mathieu et de St. Marc étaient répandus, chez tous les Chrétiens, à Rome. — St. Pierre et St. Paul avaient écrit leurs Epîtres, qu'on lisait dans toutes les églises.—Il n'est donc pas étonnant que Sénèque, compté, par St. Jérôme, au nombre des Chrétiens, ait montré quelque compassion en faveur des esclaves, sans attaquer, toutefois, l'institution de l'esclavage.

Marc-Aurèle est né le 26 avril 121 de l'ère chrétienne : il ne rentre donc pas dans notre hypothèse.

Epictète est mort sous le règne de Marc-Aurèle, dans un âge fort avancé ; *il n'a rien écrit*, et nous ne connaissons ses pensées que par son disciple Arrien, qui est mort lui-même dans le IIᵉ siècle : On ne peut donc nous opposer un écrivain *de cette époque*, et qui avait, d'ailleurs, subi, comme tout le monde, la profonde influence des idées chrétiennes.

Le mot de Térence : « *Je suis homme, et tout ce qui touche à l'homme ne m'est pas étranger,* » aurait pu, pendant des siècles, exciter les applaudissements des foules dans les théâtres, sans *ébranler le droit de pro-priété de l'homme sur l'homme, et même de l'esclavage.*

Cet autre mot de Cicéron : *Il faut aimer l'homme par cela seul qu'il est homme,* » n'est pas plus décisif. Cette belle pensée de l'orateur romain ne l'a pas empêché de prouver, comme Aristote, que *l'esclavage était juste,* parce que la servitude était utile, même aux esclaves, lorsqu'elle était régulièrement établie (1).

Aristote a dit, en effet : « *Il en est qui prétendent que le pouvoir du maître est contre nature;* » mais tous les traducteurs d'Aristote, — et notamment Champagne et M. Barthélemy Saint-Hilaire, — déclarent qu'ils ne connaissent pas ces philosophes, et il est assez raisonnable de penser qu'Aristote n'a voulu que soulever une objection, pour la combattre.

Enfin, on oppose l'opinion de l'école stoïcienne.

Voici, d'abord, le passage littéral, tiré de Diogène de Laerte :

Après avoir dit que le sage peut manger de la chair humaine, l'auteur continue ainsi : « Le sage seul est libre, et les *méchants sont esclaves.* La liberté, en effet, est le pouvoir d'agir par soi, et la servitude, la privation de ce pouvoir. Il y a une autre servitude, qui consiste dans la soumission, et une troisième, à laquelle correspond la domination, et qui consiste en ce que celui qui est acheté est possédé et en état de soumission. *Celle-là est mauvaise : Et ipsa mala* » (2).

Voilà *les seuls mots,* qu'on peut invoquer, en faveur de l'antiquité payenne.

---

(1) Voir notre 1er vol., p. 55, et les notes de M. Ville-main, dans sa traduction du 3e livre de la **République de Cicéron.**

(2) Diog. Laert., liv. 7, § 131. Edit. F. Didot.

Pourquoi, dans ce cas, la *domination* est-elle *mauvaise*? C'est ce que l'école stoïcienne n'a jamais expliqué.

Il faut, d'ailleurs, bien remarquer que Diogène de Laerte,—*le seul qui ait rapporté cette opinion,*—*vivait à ja fin du II*^e *siècle*, et, par conséquent, qu'une telle autorité n'est pas de nature à prêter un grand appui à la critique.

En résumé, nous ne trouvons rien, dans ces citations qui puisse renverser notre proposition, et nous croyons devoir la maintenir intégralement dans les termes où *nous l'avons formulée.*

TABLE DES CHAPITRES.

SECTION PREMIÈRE.

DROIT PAYEN.

SECTION DEUXIÈME.

DROIT HÉBRAÏQUE.

SECTION TROISIÈME.

DROIT CHRÉTIEN.

Douai. — Imprimerie Dechristé , rue Jean-de-Bologne.